Luise Merkens

Aggressivität im Kindes- und Jugendalter

Entstehung, Ausdrucksformen, Interventionen

Zweite Auflage

Ernst Reinhardt Verlag München Basel

Prof. Dr. Luise Merkens
Lehrstuhl Heil- und Sonderpädagogik an der Fachhochschule Niederrhein Mönchengladbach/Krefeld

Die Deutsche Bibliothek – CIP-Einheitsaufnahme

Merkens, Luise:
Aggressivität im Kindes- und Jugendalter : Entstehung, Ausdrucksformen, Interventionen / Luise Merkens. – 2. Aufl. – München ; Basel : E. Reinhardt, 1993
ISBN 3-497-01164-9

Printed in Germany

Inhaltsverzeichnis

Einleitung

Aggressivität ist ein vielseitiges Phänomen. Vorwegnehmend kann festgestellt werden: Es handelt sich um nicht gemeinnütziges Verhalten mit schädigenden Absichten und Folgen (Dann 1972, 22–24), das sich in vorsätzlich-zielgerichteten Schadenszufügungen wie auch in feindseligen Einstellungen und Stimmungen darstellen kann (Dutschmann 1982, 9). Es schließt Tätlichkeiten oder Handlungsbereitschaften mit vorwiegend verbalen, realen oder symbolischen Aktivitäten wie auch ihre Mischformen ein. „Aggressivität" als Handlungsbereitschaft soll hier mit dem Begriff „Aggression" als direkt schädigendes Verhalten gleichgesetzt werden (Kornadt/Zumkley 1981, 6–10). Haltungen und Handlungen mit feindselig-schädigenden Absichten und ebensolche Tätlichkeiten werden in diesem Zusammenhang somit parallel betrachtet. Auch unbewußt latente Aggressionsbereitschaften, die gedanklich oder selbstschädigend zutage treten, müssen in Betracht gezogen werden. Im hier verfügbaren Rahmen sei das Thema vorwiegend auf das Kindes- und Jugendalter eingegrenzt.

Die ursprüngliche Bedeutung des lateinischen Verbs ad-gredi meint Herangehen, Annähern und Antriebskraft, eine Fähigkeit also, die Trägheit überwindet und zu zielgerichtetem Handeln befähigt (Schultz-Hencke 1969, 41). Je stärker die individuelle Antriebsdynamik entwickelt ist, als desto spontaner zeigt sich das Kind. Aufgeschlossenheit gegenüber der Umwelt wird Jungen vielfach eher zugebilligt als Mädchen. Sie sind daher häufiger Gefährdungen ausgesetzt. Jungen werden statistisch häufiger mit der Kennzeichnung „aggressiv" konfrontiert. Erfahrungen sprechen dafür, daß Kinder, deren Antriebsdynamik altersentsprechende Unterstützung und Lenkung erfährt, sich lernbereit, aufgeschlossen und sozial anpassungsfähig erweisen. Die Pflege, Förderung und Festigung konstruktiver Antriebsdynamik ist somit eine wichtige erzieherische Aufgabe. Sie ist erforderlich, um Abstand, Abgrenzung, Ablösung und Selbstsein zu ermöglichen, um Entwicklungsbedingungen zu schaffen, die der Persönlichkeitsreifung dienlich sind (Meves/Illies 1975, 14).

Irritationen oder Fehlentwicklungen der kindlichen Antriebsdynamik bedürfen besonderer erzieherischer Hilfen. Handelt es sich dabei doch um Verhaltensweisen, die die kindliche Entwicklung einengen, hemmen oder dauerhaft schädigen. Die Grade abweichenden Verhaltens werden einerseits von der Art einer veränderten Antriebsdynamik, andererseits von den Umweltreaktionen sowie von der Dauer, während der sich das Fehlverhalten verfestigt, mitbestimmt. Drei Formen defizitärer Antriebsdynamik lassen sich beispielsweise unterscheiden, deren Merkmale sich als mehr oder weniger großer Verlust flexibler Anpassungsfähigkeit an soziale Situationen äußern:

– Aggressive Gehemmtheiten enthalten die zeitweilige oder dauernde Unterdrückung eigener Wünsche, Bedürfnisse und Selbstbehauptung aus Angst vor Zurückweisungen oder Bindungsverlusten. Widerspruch und Widerstand können nicht zum Ausdruck kommen, weil Auseinandersetzungen befürchtet werden, zu deren Bewältigung die eigenen Kräfte als zu schwach eingeschätzt werden. Aggressiven Gehemmtheiten liegen häufig Fixierungen an ein Idealbild harmonischen Zusammenlebens zugrunde, das nicht beeinträchtigt werden darf, weil Konfliktäußerungen nachteilige Folgen für das Zusammenleben haben könnten. Diese Konfliktscheu aus Rücksichtnahme wird, da sie eine unauffällige Scheinanpassung bewirkt, häufig fehleingeschätzt. Die unterdrückte Antriebsdynamik vergeudet sich in Aggressionsstau, Leerlaufhandlungen oder psychosomatischen Belastungen. Versteckte Zwiespältigkeiten schaffen eine Atmosphäre bedrückender zwischenmenschlicher Gespanntheit.

– Noch größere Belastungen bedeuten aggressive Rückzüge als chronisch gewordene Unterdrückung der Antriebsdynamik. Dieses als Depressivität in Erscheinung tretende Verhalten hat seine Ursache in unzureichender elterlicher Zuwendung zum Kind. Bei elterlichen Härten oder wechselhaftem Erzieherverhalten finden die Bindungswünsche des Kindes keine Antwort. Aufgrund seiner ganzheitlich-undifferenzierten Betrachtungsweise deutet das Kind die elterliche Zwiespältigkeit als Ablehnung seiner Person und seines Daseins. Dieses Grundgefühl des Nicht-Gewolltseins kann sich infolge des jahrelangen elterlichen Einflusses beim Kind als Verlassenheitsgefühl, als existentielle Ausgesetztheit und als Grundbefindlichkeit des Zweifels an seiner Existenzberechtigung ausprägen. Seiner Selbsteinschätzung erwachsen daraus Hoffnungs- und Aussichtslosigkeit, Passivität und Lethargie, die Drosselung expansiver Bedürfnisse und Schuldgefühle bezüglich eigener Wünsche. Hinsichtlich seiner sozialen Beziehungen erweist sich ein so geschädigtes Kind als wenig belastbar. Da es seiner Existenz wenig Raum zubilligt, fühlt es sich zwischen anderen Menschen wehrlos. Erwartungen und Forderungen der Umwelt werden als Überforderungen eingeschätzt. Unterdrückte aggressive Impulse werden vorschnell auf Mitmenschen projiziert, die als gefahrvoll erlebt und gefürchtet werden. Die Unfähigkeit, sich neuartigen Situationen anzupassen, sich in Austauschprozesse mit der Umwelt einzulassen und von andern etwas zu fordern, verfestigt sich. Die Selbstmordgefährdung so geschädigter Kinder und Jugendlicher ist hoch.

– Aggressive Wucherungen hingegen zeigen sich als Aufdringlichkeiten, die schnell zu motorischen und verbalen Entladungen führen. Soziale Beziehungen werden mit Überwältigungsversuchen gleichgesetzt, deren übergroße Erwartungen die Beziehungswünsche überfrachten. Da die Beziehungsversuche sprunghaft, unberechenbar und überfallartig angegangen werden, stoßen diese Kinder bald auf Ablehnung. Sie erfassen nicht, daß ihre Aufdringlichkeiten die Zurückweisungen verursachen. Häufige Erfahrungen des Zurückgewiesenwerdens können in verbitterte Ablehnung jedweden Kontaktes umschlagen.

Ammon zufolge ist die Aggressionsdynamik der Dreh- und Angelpunkt gesunder und konstruktiver wie auch defizitärer und destruktiver Ichstruktur-Entwicklung (1979, 95–159). Aufgrund früher und langdauernder Negativeinflüsse kann die Entwicklung der kindlichen Persönlichkeit so geschädigt werden, daß bei ausbleibenden Bindungsmöglichkeiten schwerwiegende Entwicklungseinbußen die Folgen sind. Das Kind wirkt depressiv und resigniert. Gelegentliche Durchbrüche aggressiven Verhaltens verunsichern die Umwelt desto mehr, je weitgehender das sonstige Rückzugsverhalten des Kindes zur Gewohnheit geworden ist. Seine aggressiven, depressiven und regressiven Extremverhaltensweisen verschärfen die Probleme im Umgang mit der Umwelt. Die Stigmatisierung des Kindes als „schwer erziehbar" trägt zur Verfestigung seiner sozialen Randstellung bei. Wechselseitige Feindseligkeiten, Zerstörungs- und Gewaltakte bestimmen den Umgang miteinander. Eine Rückkehr zu konventionellen Umgangsformen scheint kaum noch möglich. Um sich der Gefährlichkeit destruktiver Aggressivität zu erwehren, setzten und setzen gesellschaftliche Gruppen von altersher bis heute zahlreiche Mittel der Ausgrenzung und Bestrafung aggressiv Auffälliger ein, allerdings oft ohne hinreichende Erfolge.

Im Hauptteil der Ausführungen wird zu fragen sein, welche erzieherischen und therapeutischen Möglichkeiten ergriffen werden können, um die Herausforderungen defizitärer und destruktiver Aggressivität zu bewältigen und die konstruktive Aggressionsdynamik im Verlauf der kindlichen Entwicklung zu fördern und zu festigen.

1. Ausgewählte Hypothesen zur Entstehung von Aggressivität

Es mag verwundern, daß sich die Forschung erst relativ spät des Phänomens der Aggressivität annahm, das der Menschheit jahrtausendelang Unglück durch Grenzverletzungen, Übergriffe und Kriege brachte. Zunehmend gefährlichere und weitreichendere Folgen menschlicher Aggressivität im 20. Jahrhundert bedingen, daß das Thema nicht länger verdrängt werden kann. Die hier vorgestellten Hypothesen zur Entstehung von Aggressivität leiten sich von den zu Beginn des 20. Jahrhunderts stärker in den Vordergrund tretenden triebdynamischen, lerntheoretischen und verhaltensbiologischen Forschungsergebnissen ab. Physiologische Entstehungsbedingungen der Aggressivität können, da sie naturwissenschaftlich-medizinische Zugänge voraussetzen, lediglich in Ansätzen referiert werden. Aus verständlichen Gründen können nur wenige repräsentative Hypothesen zur Entstehung von Aggressivität betrachtet werden. Der Schwerpunkt der Ausführungen liegt in der Erörterung ihrer psychosozialen Entstehungsbedingungen. Abschließende Vergleiche und alltägliche Beispiele aggressiven Verhaltens wollen den Leser zu eigenen Stellungnahmen herausfordern.

1.1. Triebdynamisches Aggressionsverständnis

Hinsichtlich der Deutung menschlicher Aggressivität lassen sich bei Freud unterschiedliche Auffassungen nachweisen, die mit der Libido-Theorie, der Annahme der Ich-Triebe und des Todestriebs einhergehen (Denker 1974, 17). Seit etwa 1920 vertrat Freud die Auffassung, daß den unter „Libido" zusammengefaßten Selbsterhaltungsstrebungen gleicherweise auch Destruktions- und Todestriebe entgegenzusetzen seien (Freud 1975, 19). Aggressivität zeigt sich bereits in der Phase des primären Narzißmus, wenn Personen oder Objekte der Außenwelt zunächst als fremdartig und bedrohlich abgelehnt werden. Später spalten sich im Gegensatz „Interesse–Indifferenz" die Beziehungen des Individuums zur Umwelt in Lust- und Unlustempfindungen. Überwiegen die Unlustempfindungen, wird die Distanz zur Umwelt durch Abwendung, Abstoßung, Flucht, Verletzung von Personen oder Zerstörung von Objekten vergrößert (Freud 1975, 98–102). In personalen Beziehungen können ambivalente Einstellungen zu häufigen Wechseln zwischen Nähe und Abstoßung führen

(310). Der Todestrieb kann durch auswärts gerichtete Aggressionen, durch Mischung mit erotischen Triebimpulsen oder durch melancholisch gefärbte Formen der Ichzerstörung wirksam werden. Er zielt auf Spannungsreduzierung, auf ein konstant niedriges Spannungsniveau als Konstanzprinzip. Freud zufolge wirkt sich das Zurückhalten von Aggressionen krankmachend aus. Das Individuum hat nur die Wahl zwischen Fremd- oder Autoaggressionen (Fromm 1974, 404–426). Triebentladungen sind demnach in den Formen der Entlastung und der Katharsis unvermeidlich. Bestenfalls lassen sie sich in kulturell zugelassenen Formen des Spiels, Sports oder Wettbewerbs kanalisieren (Lischke 1972, 41–45). Extremsten Ausdruck findet der Todestrieb im Sadismus, wenn bei fehlender libidinöser Besetzung Menschen wie Objekte geschädigt oder zerstört werden (Freud 1975, 262). Im Masochismus hingegen verbindet sich die sadistische Strenge des Über-Ichs mit Regressionen auf ödipale Triebwünsche, die gleichzeitig als aggressive Impulse gegen die eigene Person gerichtet sind (353). Bei auswärts gerichteten Aggressionen bewahrt sich das Individuum vor der Selbstzerstörung. Dabei bleibt jedoch ein Teil der Energien stets als primärer Masochismus zurück. Treten den auswärts gerichteten Aggressionen Hindernisse entgegen, richten sie sich sekundär gleichfalls gegen das Individuum. In aggressiven Äußerungen sind somit immer auch selbstzerstörerische Impulse anteilig enthalten.

Die Annahme polar entgegengesetzter Antriebskräfte entspricht zahlreichen Beobachtungen zwischenmenschlichen Verhaltens. Der pessimistischen Einschätzung Freuds, wonach Individuen und Gesellschaften zwangsläufig ihrer Triebdynamik ausgeliefert seien, liegt jedoch eindeutig die Überbewertung des von ihm angenommenen Todestriebes zugrunde. Es ist zu vermuten, daß Freud in kulturkritischer Befangenheit zu Beginn des 20. Jahrhunderts allzu sehr seinen pessimistischen Einschätzungen folgte. Zu fragen ist hingegen, wie die Selbsterhaltungsstrebungen des Einzelnen und der Gesellschaft so gestärkt werden können, daß sie gegenüber den vermuteten individuellen wie gesellschaftlichen Zerstörungstendenzen mächtig genug sind, um vernunftgeleitete Wahl- und Entscheidungsmöglichkeiten freizuhalten. Spätere Lerntheoretiker erteilten den als zwangsläufig eingeschätzten Aggressionsentladungen schärfste Absagen (Klineberg 1975, 63). Mit wiederholten aggressiven Entladungen seien Fixierungen aggressiv-schädigenden Verhaltens im Sinne eines Lerneffekts anzunehmen (Achté 1975, 67–72).

Adler ging gleichfalls von der Annahme eines „Aggressionstriebes“

aus, sah ihn jedoch vermischt oder verschränkt mit anderen Trieben (1973, 53). Je nach kulturellen Umwandlungen kann sich der Aggressionstrieb demnach differenzieren und verfeinern. Er kann persönlichem Geltungsstreben dienen, aber auch dem „Gemeinschaftsgefühl" in sozialer Verbundenheit nützen (54–62). Liegen „Organminderwertigkeiten" als körperliche Beeinträchtigungen vor, kann der Aggressionstrieb zur Bewältigung der Schwäche verstärkt zum Ausdruck kommen (56–59). Ein nicht ausgelebter Aggressionstrieb bedingt Aggressionshemmungen, die sich in Neurosen, Psychosen oder Autoaggressionen äußern können (61). Aggressionshemmungen sind häufig Folgen verwöhnender Erziehung. Je bedrängender Antriebsminderungen und Ohnmachtserfahrungen erlebt werden, desto häufiger treten neurotische Arrangements als geltungsstrebiges Verhalten in Erscheinung, um die Fiktion des „Obenseins" aufrechtzuerhalten (Adler 1982, 35–46 und 92–198). Diese Sicherungsstrategien zeigen sich als Entwertungen oder Unterwerfungen anderer, als überkritische Maßregelungen oder entmündigende Fürsorge, als unerreichbare Idealvergleiche oder als monologische Dominanz. Der Hierarchisierung mitmenschlicher Beziehungen entspricht der „Zwang zur Überlegenheit" (Adler 1980, 57). Der persönlichen Wertsteigerung dient auch die besondere Wertschätzung männlicher Eigenschaften als „männlicher Protest" (Ansbacher 1975, 255–262). Zur Sozialisierung des Aggressionstriebs bietet Adler jedoch optimistische Perspektiven an: Durch eine Lebensstilanalyse kann das Individuum befähigt werden, seine Selbsteinschätzungen des Minderwertigseins zu korrigieren und sein mehr oder weniger zwanghaftes Überlegenheitsstreben in Richtung größerer Mitmenschlichkeit zu verändern.

Abb. 1 verdeutlicht Adlers Auffassung von der normalen und neurotischen Triebdynamik. Während das Gemeinschaftsgefühl (mittlere Zeile) zu ausgewogenen und befriedigenden Wechselbeziehungen mit der Umwelt beiträgt, verdeutlichen die Zeilen a^1 und a^2 die noch im Normbereich liegenden Bemühungen des Individuums, aus einer erlebten Minussituation in eine Plussituation zu gelangen. Minderwertigkeitsgefühle und Überlegenheitsstreben sind nach Adler allgemeinmenschliche und im Normbereich liegende Verhaltensvarianten. Die Neurotisierung der Antriebsdynamik setzt ein, wenn ungünstige Lebensbedingungen b^1 zu dauerhaften Aggressionshemmungen führen und einen Minderwertigkeitskomplex als ständiges Insuffizienzgefühl verfestigen. Er bewirkt zwangsläufig den Überlegenheitskomplex b^2, um der belastenden Bedrückung im Unterlegensein zu entgehen. Diese Komplexfixierungen

b^1 und b^2 sind es, die nach Adler als neurotisch eingeschätzt werden müssen, denn das Individuum verwendet seine Triebdynamik nicht dazu, das Gemeinschaftsgefühl durch Teilhabe an Aufgaben der Gesellschaft zu stärken, sondern zu seiner persönlichen Überlegenheit, die es den Mitmenschen entfremdet.

Adlers Annahme eines angeborenen Aggressionstriebes modifiziert sich, im Gegensatz zu Freud, durch Mischungen mit anderen Triebimpulsen. Damit erhält er die Qualität einer allgemeinen Antriebsdynamik, die als verfügbare Energie je nach Art der Triebmischungen zu positiven oder gefährdenden Auswirkungen führen kann. Nach Adlers Verständnis hängt die positive Entwicklung der Antriebsdynamik von der Stärke des Gemeinschaftsgefühls ab, eine Auffassung, die der pädagogischen und therapeutischen Einflußnahme auf die Triebdynamik weite Möglichkeiten eröffnet.

Überlegenheitskomplex ↑	Ein aggressiver Lebensstil sucht nach Sicherungen seines Geltungsstrebens durch Scheinüberlegenheiten und Entwertungen der Umwelt	b^2 Neurotische Arrangements und Charakterzüge ←
Überlegenheitsstreben	Kulturell zulässiges Geltungsstreben durch Führungsansprüche und Prestige	a^2 Plussituation
	Gemeinschaftsgefühl als Fähigkeit, befriedigende Wechselbeziehungen mit der Umwelt einzugehen	↑
Minderwertigkeitsgefühl ↓	Erfahrungen des Kleinseins, der Abhängigkeit und des Angewiesenseins auf andere	a^1 Minussituation
Minderwertigkeitskomplex	Fehlerziehung, Organminderwertigkeiten, Neurosen, Psychosen oder Selbstschädigungen schwächen das Individuum	b^1 Aggressionshemmungen →

Abb. 1. Individualpsychologische Deutung
a) der normalen und b) der neurotischen Triebdynamik

1.2. Lerntheoretische Deutungsansätze

In den dreißiger Jahren setzten sich kritische Einschätzungen des triebdynamischen Aggressionsverständnisses durch. Zahlreiche Lerntheoretiker bezeichneten Aggressivität als Folge von Lernprozessen, die sich zwar im Verlauf der kindlichen Entwicklung verfestigen, durch qualitativ andere Lernmöglichkeiten jedoch auch wieder verlernt werden können (Denker 1974, 82). Drei Schwerpunkte in der Einschätzung der Aggressivität akzentuierten sich unter lerntheoretischen Aspekten:

1.2.1. Die Frustrations-Aggressions-Hypothese

Diese von Dollard und Miller u. a. vertretene Auffassung besagt, daß Frustrationen im Sinne behinderter Zielerreichung stets Aggressionen zur Folge hätten bzw. daß einer Aggression immer eine Frustration vorausginge. Bei aller ursächlichen Verschiedenheit äußerer oder innerer Störfaktoren wurden vier Frustrationsmöglichkeiten unterschieden, nämlich Hindernisfrustrationen, Mißerfolge, Mangelzustände und schädigende Reize (Nolting 1978, 40–45). Aggressionen erfüllen hierbei den Zweck, das ursprünglich angestrebte Handlungsziel mit verstärktem Energieeinsatz zu erreichen (Denker 1974, 14). Aggressionsverschiebungen können diesen Energieeinsatz verändern, beispielsweise durch Ersatzziele, indem Schwächere als „Sündenböcke" zu Adressaten der Aggressionsentladungen werden; oder durch Ersatzhandlungen, wenn anstelle einer physischen eine verbale Reaktion erfolgt. Die Ähnlichkeit des Ersatzobjektes mit dem Aggressionsziel begünstigt seine Auswahl (Mees 1974, 58). Belastende Vorerfahrungen, Dauer und Intensität einer Frustration, die Weite individueller Frustrationstoleranz sowie Vermeidungs- und Ausgleichsmöglichkeiten bestimmen das Ausmaß aggressiver Reaktionen mit. Sowohl primärnarzißtische Bedürfnisse als auch überhöhte Anforderungen der Umwelt können sich ebenfalls aggressionsbegünstigend auswirken. Aggressionsäußerungen zeigen sich in ungerichtet-gesteigerten Aktivitäten ebenso wie in Regressionen auf ein bereits überwundenes Entwicklungsniveau, in Formen der Flucht, in Suchtverhalten oder in Resignation (Nolting 1978, 57). Neuere Ansichten nehmen als Folgen von Frustrationen vor allem gesteigerte Erregungen an, die autonome Ichfunktionen wie Selbstkontrolle und zielgerichtetes Handeln einschränken (Dann 1972, 42–45). Affektive Erregungssteigerungen wirken sowohl selbststimulierend als auch aufgrund von Hinweisreizen in der Umwelt eskalierend (Mees 1974, 65–70).

Nach heutiger Auffassung müssen zwangsläufig einsetzende Frustrations-Aggressionsabfolgen abgelehnt werden (Hauss 1976, 338–340). Der Frustrations-Aggressions-Hypothese insgesamt ist anzulasten, daß aggressive Reaktionen zwar manchmal eine kurzfristige Erleichterung bringen, aber kaum als Schritt auf ein nächsthöheres Entwicklungsniveau hin verstanden werden können; vor allem können Frustrationen in Erziehungsprozessen nicht vermieden werden (Dann 1972, 153).

1.2.2. Die Bekräftigungshypothese

In den sechziger Jahren wurde u. a. von Berkowitz und Buss festgestellt, daß zwischen aggressionsauslösenden Reizen und aggressiven Reaktionen Verknüpfungen bestehen, die durch erfolgreiche Konsequenzen bekräftigt werden. Sie gehen davon aus, daß Aggressivität durch Wiederholungen und erfolgreiche Konsequenzen konditioniert wird (Kornadt/Zumkley 1981, 9). Bei einem insgesamt aggressiven Verhaltensstil vieler Kinder und Jugendlicher entscheiden größere oder geringere Erfolgserwartungen über seine Intensität wie auch über die Häufigkeit seines Auftretens (Nolting 1978, 69). Es wird zwischen angstmotivierter und zornmotivierter Aggressivität unterschieden. Beide Äußerungsformen sind vom Ausmaß zuvor erlebter Frustrationen und vom Grad individueller Selbstachtung abhängig. Sowohl angstmotivierte als auch zornmotivierte Aggressionen sind durch Verbesserungen der Lern- und Lebensbedingungen zugänglich (Fürntratt 1974, 338–345). Damit wird dem sozialpädagogischen und sozialpolitischen Verantwortungsbewußtsein besondere Bedeutung beigemessen. Begrenzte Zornreaktionen sollten, um psychosomatische Erkrankungen zu vermindern, jedoch in Maßen zugelassen werden.

1.2.3. Das Imitationslernen

Gleichfalls in den sechziger Jahren wurde u. a. von Bandura das Imitationslernen als mögliche Ursache aggressiven Verhaltens beschrieben. Lernen am Modell wird in zwei Schritten angeeignet, einmal durch direktes Absehen und Nachahmen, zum andern durch späteres Reproduzieren imitierter Handlungen (Michaelis 1976, 76). Es kann demnach auch verzögert und erinnernd bzw. mittels symbolischer Repräsentationen erfolgen (Bandura 1976, 12). Das Imitationslernen stellt eine die kindlichen Identifikationswünsche unterstützende Zugtheorie dar (Kornadt/Zumkley 1981, 8–9), denn die Bekräftigungen zeigen sich durch am

Modell beobachtbare Konsequenzen und durch Teilhabe am Erfolg und Prestige des Modells. Je mehr diese dem Kind als erstrebenswert erscheinen, desto größeren Einfluß vermag das Modellverhalten zu erreichen. Identifikationen mit dem Modell zielen nicht nur auf Verhaltensnachahmung, sondern auch auf das Einverleiben seiner Wertorientierungen (Oerter 1969, 263–265) und seiner Negativwirkungen (Nolting 1978, 60). Genaue Beobachtungen, differenzierte motorische Fähigkeiten und Einschätzen der Konsequenzen des Modellverhaltens sind Vorbedingungen des Imitationslernens (Bandura 1976, 24–26). Da an konkreten oder medial vermittelten Modellen beobachtetes Verhalten u. U. erst später zutage tritt, entzieht sich das Imitationslernen erzieherischer Einflußnahme, obwohl es gleichzeitig auch große erzieherische Chancen eröffnet. Es verstärkt und tradiert schichtspezifische Erziehungspraktiken und Verhaltensmuster in besonderem Maße (Michaelis 1976, 88).

1.3. Verhaltensbiologische Betrachtungen

Etwa seit der Mitte dieses Jahrhunderts finden zunehmend Forschungsergebnisse Beachtung, die ein im Erbgut von Tieren und Menschen gleicherweise verankertes Aggressionspotential annehmen. Ausgehend von Verhaltensbeobachtungen bei Tieren, werden unter aggressiven Einwirkungen gewonnene physiologische Daten im Humanbereich zunehmend als sozial- und gesellschaftspolitische Probleme erkannt.

1.3.1. Ethologische Erkenntnisse

Der Annahme eines Todestriebs, wie Freud ihn verstanden hatte, wurde vom Verhaltensforscher K. Lorenz heftig widersprochen (1974, 8). Aggressivität sei vielmehr als arterhaltender Instinkt einzuschätzen und diene der Überlebens- und Fortpflanzungssicherung, der Nahrungs- und Revierverteidigung. Das in vielen Tierarten mit Rangordnungskämpfen zutage tretende Aggressionspotential sei zum Schutz schwächerer Tiere unentbehrlich (Lorenz 1974, 244). Während sich innerartliche Aggressivität auf Sozialordnungen bezieht, regulieren zwischenartliche Aggressionsäußerungen Ernährungs- und Versorgungsprobleme (Hauss 1976, 123–125). Mit festgelegten Erregungsauslösern wirkt sich der Aggressionstrieb artspezifisch aus. Bei Nichtreizung lädt er sich gleichfalls auf und drängt analog einem aufgeheizten Dampfkessel nach periodischen

Entladungen (Denker 1974, 60). Lorenz zufolge wirken Rituale wie beispielsweise Unterwerfungsgesten zur Ableitung zerstörerischer Impulse aggressionshemmend (1974, 78–85). Im Humanbereich findet sich in allen Kulturen gleichfalls eine Vielzahl phylogenetisch festgelegter und ererbter Verhaltenselemente zur Eindämmung zwischenmenschlicher Aggressivität vor, die eine Ableitung der Aggressionspotentiale auf Ersatzobjekte oder in Ersatzhandlungen ermöglichen (Lorenz 1974, 248 und 1977, 229).

Die Gleichsetzung tierischer mit menschlichen Aggressionsäußerungen läßt den Eindruck entstehen, als sei die Menschheit ihrem Aggressionspotential fast wehrlos ausgeliefert. Lorenz übersieht, daß zu den Bedingungen menschlichen Daseins auch Verantwortungsbewußtsein, Wahl- und Entscheidungsfreiheit gehören, die die Antriebsdynamik in sinnvolle Aktivitäten einzubinden vermögen. In qualitativer Unterscheidung macht Fromm darauf aufmerksam, daß defensive Aggressivität als Reaktion auf Bedrohungen keineswegs spontan sei, während gestaute Aggressivität als destruktive Kraft bei Lorenz keine zureichende Erklärung erfahre (1974, 18).

1.3.2. Physiologische Forschungsergebnisse

Physiologische Indikatoren bei Wut und Ärger wie Erhöhung der Pulsfrequenz, vasomotorische Reaktionen, Drüsensekretionen, Veränderungen der Atem-, Magen- und Darmtätigkeit oder die Zunahme der elektrischen Hautleitfähigkeit verweisen auf Spannungszustände und Somatisierungsprozesse, die mit Feindseligkeiten einhergehen (Lischke 1972, 80). Verstärkte Aggressionsbereitschaften zeigen sich auch bei witterungsbedingten und biologischen Belastungen wie beispielsweise im prämenstruellen Syndrom (Michaelis 1976, 110). Sie können bereits durch unterschwellige Hinweisreize ausgelöst werden, indem sie antizipatorisch aktivieren, und bei unscheinbaren Anlässen plötzlich in Erscheinung treten (Reckel 1975, 99 und Kiener 1978, 1205). Als aggressionsauslösende und -steigernde Stressoren müssen vor allem Lärm- und Reizüberflutung, Raumenge, Hektik und zwischenmenschliche Rivalitäten eingeschätzt werden (Crook 1974, 186). Auch Monotonie kann sich aggressionsbegünstigend auswirken, wenn aggressionsgeladene Erinnerungen und Phantasien überhandnehmen. Auf Aggressionshäufungen nach Alkoholkonsum und stoffwechselverändernden Drogen wurde vielfach hingewiesen (May 1974, 76), da sie die Hemmschwelle für das Ausagieren feindseliger Aktivitäten herabsetzen. Anstelle ausagierter

Aggressivität treten in vielen Fällen auch psychosomatische Korrelate als autoaggressive Varianten (Lukáts/Luthe 1975, 85–90).

Besondere Beachtung erfordert Angst, weil sie unterschiedliche Aggressionsentladungen zur Folge haben kann: die Mobilisierung der Motorik zur Flucht oder die aggressive Wiederherstellung des gewünschten Zustandes. Das Angst-Fluchtsystem und das Angst-Aggressionssystem setzen Wahrnehmungs- und Deutungsleistungen voraus, die nur aus der bisherigen Entwicklungsgeschichte eines Individuums verstanden werden können. Fromm kennzeichnet diese lebenserhaltende Fähigkeit als phylogenetisch programmierte, defensive und gutartige Aggression, die biologisch angepaßt ist und erlischt, sobald eine Bedrohung überwunden oder abgewendet ist (1974, 3). Selbst in ihren Fehlformen wie Verdrängungen (184) oder Gier (186ff.) ist sie als phylogenetisch verankerter Schutz vitaler Interessen zu erhalten oder durch therapeutische Interventionen von ihren Blockierungen zu befreien (174). Angst- und Aggressionsminderungen werden durch Umleitungen auf Ersatzhandlungen oder Ersatzobjekte bzw. durch räumliche, zeitliche und soziale Distanz für möglich gehalten (Denker 1974, 33–40). Es bleibt festzuhalten, daß die Zeitdimensionen einen bedeutenden Einfluß auf das menschliche Aggressionsverhalten haben. Die in der bisherigen Lebensgeschichte verfestigten Wahrnehmungs- und Deutungsschemata bestimmen die aktuellen Angst- und Aggressionsbereitschaften mit und entwerfen individuell je unterschiedliche Erwartungen in die Zukunft. Die oft zu beobachtende Tatsache, daß Menschen ihre je eigenen Deutungen und Projektionen als Realitäten einschätzen und damit wie mit Realitäten umgehen, findet hierdurch eine Erklärung.

1.3.3. Probleme gestauter Aggressivität

Den Problemen gestauter und daher destruktiver Aggressivität (Fromm) geht aus verhaltensbiologischer Sicht u. a. von Cube (1986) nach. Er stellt fest, daß heutige Gesellschaften aufgrund zahlreicher Stimulantien und Reglementierungen über ein großes aggressives Aktionspotential verfügen. Der Endzweck der Aggressivität, der Sieg, ist jedoch nicht allen erreichbar, weil er von erfolgreichen Aktivitäten im Berufsleben, im Sozial- und Freizeitverhalten mitbestimmt wird. Das Hauptproblem der Aggressivität in unserer Gesellschaft sieht von Cube beim Verlierer, dessen Aktionspotentiale erfolglos oder ungenutzt bleiben und sich als Neidgefühle und Ohnmachtserfahrungen anstauen können. Hiermit werden die Probleme unzähliger Zeitgenossen angesprochen, die als sozial Benachteiligte oder als soziale Randgruppen ihre Antriebsdynamik nicht in befriedigender Weise nutzen können. Innerpsychisch gestaute Aggressivität kann sich autoaggressiv als psychosomatische Erkrankungen oder als selbstschädigendes Verhalten gegen die eigene Person im Sinne der Selbstbestrafung richten. Im innerfamiliären Kreis hat sie vielfache Beziehungsprobleme und Dauerkonflikte zur Folge. In gesellschaftlichen Beziehungen bedeutet sie eine Dauergefährdung, deren Auswirkungen als Gewalttätigkeiten den sozialen Rechtsstaat verunsichern und schädigen, wie zahlreiche Beispiele verdeutlichen. Konventionelle Mittel zur Abreaktion gestauter Aggressivität wie Konkurrenzverhalten, Sport usw. können nur solange als zweckdienliche Mittel eingeschätzt werden, wie sie Entlastungs- und Siegeschancen versprechen. Nach Meinung verhaltensbiologischer Autoren ist das aggressive Rangordnungsstreben ein spontaner Trieb, eine genetisch programmierte und unveränderliche Verhaltensform, die nur kanalisiert, aber nicht unterdrückt werden kann. Die Situation der Verlierer bedarf daher besonderer Beachtung und ist durch Erziehung, Führung und Beratung so zu beeinflussen, daß der aggressive Trieb- und Aggressionsstau sozialisiert, d. h. in sozial zuträgliche Bahnen gelenkt wird.

1.4. Zusammenfassung / Diagnostische Kriterien

Die bisherigen Ausführungen haben gezeigt, daß sich das Phänomen menschlicher Aggressivität zu der Frage zuspitzt: Ist Aggressivität unser anlagebedingtes Schicksal oder ist sie erlerntes Verhalten, das beeinflußbar ist? Solange die Analyse unserer Erbanlagen (noch) nicht erfolgt, kann diese Frage nicht eindeutig beantwortet werden. Im konkreten Fall zutage tretender Aggressivität sollten jedoch aus den bisherigen Überlegungen einige diagnostische Kriterien abgeleitet und zu genaueren Beobachtungen angewandt werden.

a) Triebdynamische Kriterien:
   1. Wie zeigen sich Tendenzen der Selbsterhaltung/Selbstschädigung im konkreten Fall?
   2. Überwiegen primärnarzißtische Wünsche mit ablehnenden Einstellungen gegenüber neuen und fremdartigen Situationen oder Personen?
   3. Wird das Individuum stark von seinen Lust-/Unlustempfindungen beeinflußt?
   4. Welche auswärts gerichteten Antriebe/Aggressionen treten in Erscheinung?
   5. Wie und gegen wen äußern sich zwiespältige Einstellungen und Verhaltensweisen?

6. Wann zeigen sich geltungsstrebige Verhaltensformen und Dominanzansprüche, Entwertungstendenzen und Aggressionshemmungen?

b) Lerntheoretische Kriterien:
1. Welche Frustrationen im Sinne von Mangelzuständen, Hindernissen, schädigenden Reizen oder Mißerfolgen belasten das Individuum?
2. Bei welchen Gelegenheiten kommt es zu Aggressionsverschiebungen auf Ersatzziele oder Ersatzhandlungen?
3. Sind die Frustrationen vorwiegend auf das eigene überhöhte Anspruchsniveau des Individuums oder auf Umweltforderungen zurückzuführen?
4. Äußert sich das Antriebsverhalten vorwiegend als Aktivitätssteigerung, als Flucht- bzw. Suchtverhalten, als Regression oder als Resignation?
5. Durch welche erfolgreichen Konsequenzen wird aggressives Verhalten bekräftigt und verfestigt?
6. Welche aggressiven Vorbilder/Leitbilder sind für das Individuum von Bedeutung?

c) Verhaltensbiologische Kriterien:
1. Antwortet das Individuum mit verstärkten Körperreaktionen auf Ärger, Wut und Belastungen? Welche äußeren oder inneren Faktoren verstärken seine Aggressionsbereitschaften?
2. Welcher Art sind seine Aggressionsäußerungen? Äußern sie sich
   - verbal mit Beschimpfungen und Herabsetzungen anderer?
   - symbolisch, indem Gegenstände beschädigt oder zerstört werden?
   - tätlich, indem Schwächere zu Aggressionszielen werden?
   - autoaggressiv durch Schadenszufügungen gegenüber der eigenen Person?
3. Steigern seine Erinnerungen und Phantasien seine Aggressionsbereitschaften?
4. Welche psychosomatischen Beeinträchtigungen belasten das Individuum, wann traten sie erstmals auf, wann häuften sie sich, bei welchen Anlässen treten sie verstärkt in Erscheinung?
5. Bei welchen lebensgeschichtlichen Ereignissen zeigten sich Aggressionshemmungen, Aggressionsstau oder destruktive Aggressivität?
6. Verfügt das Individuum bei Einschränkungen seiner Antriebsdynamik über Ausgleichs- und Kompensationsmöglichkeiten? Befriedigen sie in ihrer Ausgleichsfunktion?

2. Ausdrucksformen der Aggressivität

Aus der Darlegung der unterschiedlichen Hypothesen zur Entstehung von Aggressivität geht hervor, daß ihre Ausdrucksformen verschiedenartig sein können. Aggressivität als innerpsychisches Phänomen hebt sich ab von aggressiven Äußerungen, die sich in größerem oder geringerem Umfang in Interaktionen mit der Umwelt zeigen können. Vier verschiedenartige Ausdrucksformen von Aggressivität lassen sich aus den bisherigen Ausführungen ableiten.

2.1. Reaktive Aggressivität

Die Frustrations-Aggressions-Hypothese sowie triebdynamische und verhaltensbiologische Auffassungen der Aggressivität heben hervor, daß die individuelle und intersubjektive Fähigkeit, Belastungen, Enttäuschungen, Hindernisse oder Mangelzustände ertragen zu können, eine wechselhafte Größe ist. Reaktive Aggressivität ist abhängig von den Vorerfahrungen und eingeübten Reaktionsformen des Individuums als Angriff, Flucht oder „Aus-dem-Felde-Gehen", von den mit den individuell je verschiedenartigen Deutungsschemata einhergehenden niedrigen oder hohen Frustrationstoleranzgrenzen, von den nicht nur subjektiv erlittenen, sondern auch objektiv feststellbaren Belastungsfaktoren, von der Schwere und Dauer der Frustrationen usw. Frustrierende und angstbesetzte Ereignisse aus früheren Zeiten wirken möglicherweise in der Gegenwart nach. Frustrierende und angstbesetzte Gegenwartsereignisse können durch vergangene reale oder fiktive Bedrohungen verstärkt werden und sich in panikartigen Situationsdeutungen aussprechen. Abb. 2 verdeutlicht individuelle Bewältigungsmöglichkeiten bei Belastungen, die sowohl in Gestalt zu hoher Überich-Forderungen als auch

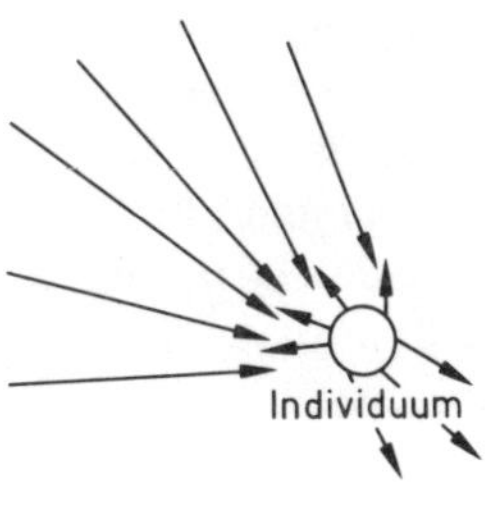

Abb. 2. Reaktive Aggressivität

durch umweltbedingte Überlastungen verursacht sein können. Das Individuum erwehrt sich ihrer in Formen des Angriffs oder der Flucht, durch Regressionen oder Resignation. Die beiden letztgenannten Ausdrucksformen müssen als schädlich bezeichnet werden, weil das Individuum mehr oder weniger auf seine Antriebsdynamik verzichtet und sich ihre ungenutzten Aktionspotentiale möglicherweise autoaggressiv in selbstschädigenden Beeinträchtigungen auswirken. Mobilisieren sich hingegen Kräfte zur Gegenwehr, stellt dies bei sonst vorwiegend flüchtenden Reaktionen eine positive Verhaltensänderung dar: Das Individuum wird sich seiner Bedürfnisse bewußt und setzt sie als Forderungen der Umwelt entgegen. In diesem Fall ist zu fragen, ob die reaktive Aggressivität in ihren Ausdrucksformen angemessen ist. Erziehung und Beratung haben hierbei in der Wahl und in der Reflektion der Effizienz der Mittel zur Durchsetzung berechtigter Ansprüche Hilfe zu leisten. Reaktive Aggressivität stellt eine Herausforderung dar, die in zweifacher Hinsicht berücksichtigt zu werden verdient. Einerseits sind die belastenden Faktoren, die als Überich-Forderungen, als Anforderungen oder Belastungen aus der Umwelt in Betracht stehen können, auf ein erträgliches Maß zu reduzieren, beispielsweise durch Erleichterungen des zwischenmenschlichen Umgangs, durch entlastende Gespräche (Blackham 1974, 189ff.), durch eindeutige Absprachen, durch Einbeziehen von Veränderungswünschen der Kinder und Jugendlichen und durch eine vernünftige Zeitplanung, die keine Langeweile aufkommen läßt. Aggressionsbegünstigende Reize wie Aggressionsspielzeuge, Schlaginstrumente, Lärmstressoren, Reizüberflutung aller Art und Suchtmittel müssen eingeschränkt werden, um Eskalationen aggressiver Entladungen vorzubeugen. Andererseits müssen die individuellen Belastbarkeitsgrenzen zunehmend erweitert werden, indem das Kind / der Jugendliche zu realistischen Deutungen von Frustrationen gelangt. Diese Befähigung zur Frustrationstoleranz geht mit der Stärkung der Ich-Funktionen wie Erwartungsreduzierung, Selbstkontrolle, Befähigung zur Wahl- und Entscheidungskompetenz einher. Reaktive Aggressivität kann somit dem Individuum verdeutlichen, daß es ein höheres Entwicklungsniveau erreichen kann, wenn es ihm gelingt, seine Antriebsdynamik zu steuern und sinnvoll einzusetzen. Hierzu ist die Vorbildwirkung der Erzieher und Eltern eine wichtige Hilfe. Reaktive Aggressionsentladungen im Sinne der Katharsis- bzw. Dampfkessel-Hypothesen nach Freud und Lorenz stellen keine angemessenen Bewältigungshilfen dar, weil ständige Affektäußerungen das Erregungsniveau unphysiologisch erhöhen.

2.2. *Instrumentelle Aggressivität*

Die Bekräftigungshypothese zielt auf instrumentelle Aggressivität. Das Individuum setzt erfolgreiche Mittel der Gegenwehr gegen von außen andringende Forderungen oder Belastungen ein. Diese Gegenwehr kann sich nach Fromm als Verteidigung gegen unberechtigte Zumutungen äußern, die sich als defensive, gutartige und situationsangemessene Aggressivität nur solange wie nötig des Selbstschutzes bedient. Instrumentelle Aggressivität im eigentlichen Sinn tritt als Zielerreichungsverhalten mittels aggressiver Selbstdurchsetzung auf und bezweckt hierbei Selbstbestätigung durch Manipulation oder Schwächung anderer. Damit verfolgt es individuell bedeutsame Intentionen, die auf Anerkennung, Beachtung oder Durchsetzung bestimmter Forderungen zielen. Alle Antriebskräfte sind auf diese Zielerreichung gerichtet. Abb. 3 verdeutlicht, daß rückwärtsgewandte regressive oder resignative Tendenzen zugunsten der Stoßkraft nach vorn entfallen. Mit jeder erfolgreichen Wiederholung seiner Aktivitäten bekräftigt sich instrumentelle Aggressivität als Machtinstrument. Die Konditionierung zwischen auslösenden Reizen und aggressiven Reaktionen verfestigt sich mit jeder erfolgreichen Konsequenz. Es ist daher zu fragen, welche Erfolge und verhaltensstabilisierenden Konsequenzen das Individuum erhält, die es seine instrumentelle Aggressivität als Machtmittel aufrechterhalten läßt. Bei einem zur Gewohnheit gewordenen instrumentell-aggressiven Verhaltensstil entscheiden die Erfolgserwartungen über die Intensität und Häufigkeit der Aggressionen, ihre Mächtigkeit resultiert aus der Art und dem Umfang ihres territorialen Vordringens zwecks eigenen Machtzuwachses (May 1974, 160–165). Möglichkeiten der Einflußnahme ergeben sich aus Minderungen oder Modifikationen der bisherigen Konsequenzen des aggressiven Zielerreichungsverhaltens. Im erzieherischen Alltag werden zwei Möglichkeiten der Beeinflussung häufig angewendet: einmal die

Abb. 3. Instrumentelle Aggressivität

Nicht-Beachtung bzw. Löschung oder Extinktion der aggressiven Durchsetzungswünsche, zum andern die kontingente, d.h. sofort einsetzende Isolierung des Kindes bei Störverhalten. Dieses Timing-out als räumliche und soziale Trennung wird jedoch nur dann im Sinne einer Strafe verstanden, wenn das Zusammensein mit anderen als angenehm empfunden wird. Dem aggressiv agierenden Kind werden gleichsam das Publikum oder die Bühne entzogen, die seinem Verhalten bisher eine besondere Wirkung verschafften. Um das Timing-out zu einem effizienten Steuerungsinstrument zu machen, sollte es sparsam, d.h. nur bei vorsätzlichem Störverhalten, konsequent, d.h. von allen beteiligten Miterziehern gleicherweise und kontrolliert, d.h. zeitlich und räumlich variabel begrenzt angewendet werden. Bei Nicht-Beachtung nimmt das Störverhalten zunächst zu, weil das Kind mit verstärktem Einsatz sein Ziel zu erreichen sucht. Es gilt, ihm seine Intentionen wie beispielsweise seine Wünsche nach Anerkennung, Beachtung und Erfolg als legitim, seine derzeitigen Mittel zur Zielerreichung jedoch als noch unzureichend zu verdeutlichen. Reifere Verhaltensformen müssen ihm eröffnet und evtl. mit ihm eingeübt werden, die ihm das angestrebte Ziel mit angemesseneren Mitteln zu erreichen erlauben. Mit der Wahl reiferer Verhaltensformen können mehrere mögliche Konsequenzen hinsichtlich ihrer Effizienz abgewogen werden. Somit kann instrumentelle Aggressivität ein Anlaß sein, Verhaltenskonsequenzen realistischer einschätzen zu lernen. Reiferes Verhalten bedarf jedoch bis zu seiner Stabilisierung kontingenter Verstärkungen. Erzieher und Eltern müssen lernen, die Quotenerhöhung positiver Bekräftigungen bei konstruktivem Verhalten konsequent anzuwenden und Störverhalten konsequent zu ignorieren, sofern es keine gefährlichen Auswirkungen hat. Auch die „Anwendung natürlicher Folgen“ im Sinne der Wiedergutmachung des angerichteten Schadens oder einer symbolischen Ersatzhandlung kann instrumentelle Aggressivität mindern. Intermittierende, d.h. hin und wieder noch einsetzende Beachtung und Bekräftigung von Störverhalten sollte unbedingt und konsequent vermieden werden, weil es einen Rückfall in den längst überwundenen Teufelskreis aggressiver Herausforderungen bedeutet (Kuhlen 1977, 52–60). Erzieher und Eltern haben somit in der Verstärkung positiven Verhaltens ein wichtiges Steuerungsinstrument verfügbar, um dem Kind angemessene Verhaltenserwartungen zu verdeutlichen. Allerdings sollte diese Konditionierung nur solange angewendet werden, bis das Kind Verhaltenssicherheit gewonnen hat.

2.3. Imitative Aggressivität

Die Hypothese des Imitationslernens stellt die Grundlage imitativer Aggressivität dar, indem das Individuum ein aggressives Modell zur Unterstützung und Verstärkung seiner eigenen aggressiven Absichten nachahmt. Das Imitationslernen unterstützt die kindlichen Identifikationswünsche. Das Individuum verbündet sich gleichsam mit einem aggressiven Modell, um seine eigene aggressive Antriebsdynamik zu verstärken. Aggressionsbegünstigende Modelle lassen sich als Verhaltensstil von Bezugsgruppen wie auch eines einzelnen Vorbildes ausfindig machen, als reale oder medial vermittelte Leitbilder in der Umwelt oder als fiktive Figuren aus irgendwelchen Horror-Szenen. Charakteristisch ist, daß sie fast unvermeidliche Wirkungen auf die kindliche Phantasie ausüben, indem sie die Sehnsucht des Kindes/Jugendlichen nach Größe, Stärke und Macht anstacheln. Abb. 4 zeigt die zunehmende aggressive Energie des Individuums, wenn es sich mit einem aggressionsbegünstigenden Modell oder Leitbild verbündet. Die gewünschte Teilhabe am Erfolg und Prestige des Modells, die es an den Konsequenzen des Modellverhaltens ablesen kann, verwischen die nachteiligen Folgen aggressiven Verhaltens. Imitative Aggressivität kann unmittelbar oder nach langer Zeit erstmalig in Erscheinung treten. Sie wirkt sich demnach als aggressive Verhaltensbereitschaft aus. Aggressionsbegünstigende Modelle müssen sich auf ihre Vorbildwirkung und ihren Nutzen kritisch befragen lassen. Hinsichtlich des Konsums der Massenmedien zeigen sich aggressionssteigernde Wirkungen als langfristige Wahrnehmungsveränderungen und als Abbau von Aggressionshemmungen. Anstelle unreflektierten Medienkonsums als „Leben aus zweiter Hand" wäre zunächst die erzieherische Wahl- und Entscheidungskompetenz zu kultivieren, indem einem aktiven und selbstbestimmten Dasein statt medialer Fremdeinflüsse der Vorzug gegeben wird. Erzieher und Eltern haben die Aufgabe, den Kindern/

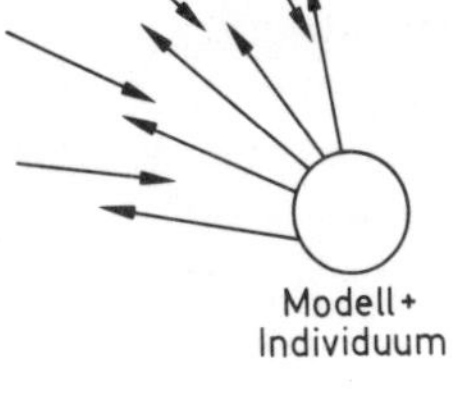

Abb. 4. Imitative Aggressivität

Jugendlichen Beispiele konstruktiver Aggressivität vor Augen zu stellen. Die Nachahmung konstruktiv handelnder Leitbilder kann negative Vorprägungen überwinden helfen. Ihre Imitation führt gleichzeitig zur Identifikation mit den hier anzutreffenden Wertorientierungen. Imitative und identifikative Einflußnahmen sollten daher rechtzeitig beim Einsatz von Erziehern und bei der Zusammensetzung von Spiel-, Lern-, Arbeits- und Wohngruppen bedacht und erzieherisch genutzt werden (Lippitt/Gold 1970, 305). Gruppenzusammensetzungen bieten die Gefahr und die Chance, daß bereits bestehendes Fehlverhalten zusätzliche Verstärkungen durch Nachahmung erfährt, durch positive Nachahmungsmöglichkeiten jedoch auch überwunden werden kann. Pädagogische Einrichtungen, Erzieher und Eltern sollten daher Gruppenzusammensetzungen nicht länger nach numerischen, sondern nach qualitativen Kriterien einzurichten versuchen.

2.4. Identifikative Aggressivität

Bei der identifikativen Aggressivität handelt es sich um gruppenbezogene und gruppenverstärkte Aggressionsformen, in denen das Individuum neue Verhaltensstile und Aggressionsvarianten im Rahmen je verschiedenartiger Gruppennormen erprobt und sich einverleibt. Altersspezifische Gruppenbildungen sind auf altersgemäße Problemlösungen orientiert. Identifikation von Kindern und Jugendlichen miteinander und ihre altersentsprechenden Gruppenbildungen bedeuten eine Voraussetzung zur Ablösung vom Kindheitsstatus und zur Hinwendung auf künftige Aufgaben. Die mit Ablösungsprozessen einhergehenden Abgrenzungen und Oppositionshaltungen gegenüber der Elterngeneration sind daher durchaus der konstruktiven Aggressivität zuzurechnen und entwicklungsnotwendig. Häufige Projektionen als Schuldzuweisungen an andere tragen als Abwehrformen zum Schutz der jugendlichen Persönlichkeit bei und gehören als Affektverlagerungen oder Aggressionsverschiebungen gleichfalls dem Normbereich zu, sofern sie vorübergehend auftreten und sich nicht zwanghaft verfestigen. Identifikative Aggressivität erweist sich als Herausforderung des Jugendlichen, eine Position in unterschiedlichen Bezugsgruppen einnehmen zu müssen. Mit mehr oder weniger Konformität paßt er sich dem Verhaltens- und Lebensstil der jeweiligen Gruppe an und übernimmt ihre Deutungsmuster hinsichtlich vergangener, gegenwärtiger oder künftig erwarteter Ereignisse. Der Jugendliche lebt nun „in unterschiedlichen Welten", indem er unterschiedlichen Gruppenerwartungen mit je verschiedenartigen Verhaltensstilen zu entsprechen sucht. Diese jetzt eingeübte Verhaltensvielfalt kann als lebenswichtige Fähigkeit und als Zugewinn während der Pubertät und Adoleszenz gekennzeichnet werden. Bei abweisendem Verhalten von Erziehern oder Eltern kann der Jugendliche seine selbstgewählte Bezugsgruppe als durchaus näher und vertrauter empfinden als seine Angehörigen. Defizitäre oder destruktive Aggressivität während der Pubertät/Adoleszenz erwächst unter dem Druck zu hoher Erwartungen der Elterngeneration, aus Mangel an positiven Bekräftigungen und negativen Gruppeneinflüssen. Abb. 5 erläutert, weshalb die Peer-group Einflußmöglichkeiten mit erheblichen und teilweise zerstörerischen aggressiven Energien gewinnen kann: Der Gruppenzusammenschluß erfolgt unter bewußter oder unbewußter Wahl eines Modellverhaltens, das der Gruppenmehrheit als erstrebenswert erscheint. Pädagogisch unproblematisch sind wertorientierte Gruppenzusammenschlüsse, die sich zur Verwirklichung umschriebener Wertvorstellungen bilden wie beispielsweise Pfadfindergruppen, Musikzirkel usw. Als erzieherische Herausforderungen müssen hingegen jene Gruppen bezeichnet werden, deren Leitbilder defizitäre oder destruktive Charakterstrukturen aufweisen, die sich beispielsweise zu Konsum- oder Selbstdarstellungszwecken zusammenfinden oder sich als Cliquen bzw. Banden zerstörerischen Aktivitäten verschrieben haben. Die latent allen gemeinsame Ich-Schwäche wird durch Lärm, Imponiergehabe und Gruppenkonformität auszugleichen versucht. Projektionen gegenüber Außenstehenden, vor allem gegenüber Personen, deren Machtpositionen den eigenen Machtansprüchen entgegenstehen, führen zu tendenziösen Wahrnehmungsverzerrungen. Der Gruppenkonsens wird der eigenen Meinung vorgezogen. Die Unterwerfung unter Gruppennormen mit ihrer Uniformierung von Kleidung, Sprachjargon und Gehabe engt als Konformitätszwang das Verhaltensspektrum der Jugend-

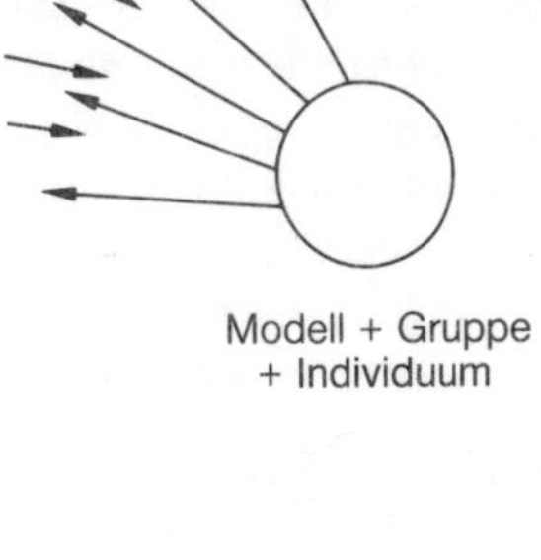

Abb. 5. Identifikative Aggressivität

lichen auf einseitig-rüde Verhaltensmuster ein. Diese freiwillig geübte Unterwerfung unter den Konformitätszwang der Gruppe entspricht verdrängten regressiv-symbiotischen Bedürfnissen, die den Jugendlichen immer stärker in das Gruppengeschehen einbinden. Dem Machtstreben destruktiv agierender Gruppen kommt die Unterwerfungslust der Gruppenmitglieder als Identifikation mit dem Allmachtsideal der Gruppe zur Befriedigung eigener narzißtischer Größenphantasien entgegen. Im Kollektiv verübte Aggressionen und Gewaltakte scheinen jeder persönlichen Verantwortung enthoben. Die Weitergabe von Kränkungen selbst bei geringfügigen Anlässen verweist auf die extrem große Verletzbarkeit narzißtischer Persönlichkeiten (Leber 1983, 119). Gewaltausübung und kriminelle Delikte vor allem in alkoholisierten oder drogenbedingten Enthemmungszuständen werden als Beweise eigener Größe und Übermacht wie Rauschzustände erlebt und wirken zugleich Spaltungstendenzen innerhalb der Gruppe entgegen. In positiven wie auch in gefährdenden Beispielen verstärkt sich identifikative Aggressivität auch im Sport. Jugendliche sehen ihre eigenen Leistungs- und Versagensängste, ihre Aggressivität und Rivalitätskonflikte in zahlreichen Sportereignissen widergespiegelt und teilweise gesellschaftlich sanktioniert (Denker 1974, 129–135). Identifikative Aggressivität verbreitet als Gruppenphänomen deshalb so furchterregende Wirkungen, weil sich hierin sowohl reaktive als auch instrumentelle und imitative Aggressionsformen verdichten und sich mit dissozialen oder antisozialen Energien pubertierender oder adoleszenter Jugendlicher verknüpfen.

3. Fallbeispiele

Nachfolgend werden die erläuterten Aggressionsformen an einigen Fallbeispielen verdeutlicht. Dabei ist zu berücksichtigen, daß oft keine exemplarisch eindeutigen Verhaltensweisen auftreten, sondern Mischformen, deren Komplexität jedoch tendenziell die jeweils zu kennzeichnende Aggressionsform erkennen läßt. Die Fallbeispiele wurden des Datenschutzes wegen verändert. Es könnte eingewendet werden, daß die Verhaltensprobleme Behinderter, die hier teilweise zur Sprache kommen, nicht ohne weiteres auf altersgemäß entwickelte Kinder und Jugendliche übertragen werden können. Erfahrungen sprechen jedoch dafür, daß die hier besprochenen Aggressionsformen allgemein zu beobachten und daher übertragbar sind. Lediglich in der Wahl der Mittel, Aggressionen zu äußern, lassen sich Unterschiede feststellen. Ein weiteres Problem ergibt sich aus der Tatsache, daß die Fallbeispiele quasi Momentaufnahmen darstellen, die auf Verhaltensbeobachtungen beruhen. Die Dürftigkeit der anamnestischen Daten, so könnte eingewendet werden, biete der pädagogischen Reflektion keine ausreichende Grundlage. Dem muß entgegengehalten werden, daß im erzieherischen Alltag oft nur beobachtetes Verhalten die Entscheidungs- und Handlungsbedingung ist, die trotz Fehlens sicherer Erkenntnisse für Eltern und Erzieher einen Handlungsbedarf anzeigt.

3.1. Uwe und Kai: Reaktive Aggressivität

Der fünfjährige Uwe ist der Liebling seiner Eltern und Großeltern. Sein Zimmer gleicht einem Spielzeugladen. Im Kindergarten fällt Uwe dadurch auf, daß er nicht spielen kann. Er wechselt ständig das Spielzeug, reißt Spielsachen aus den Regalen und verstreut sie auf dem Boden. Er sagt, sie langweilten ihn, er habe ja alles auch zu Hause. Eines Tages eröffnen die Eltern ihm, daß er ein Geschwisterchen bekommen wird. Bis zu seiner Geburt dauert es noch sieben Monate. Diese Ankündigung verändert sein Verhalten. Im Kindergarten sitzt er teils in sich gekehrt am Tisch und träumt vor sich hin, während er am Daumen lutscht, teils verhält er sich anderen Kindern gegenüber aggressiv. Nach einer Spielstunde beispielsweise hatten die anderen das Sandspielzeug in eine Spielkiste eingeräumt. Uwe beobachtete die aufräumenden Kinder. Als die Spielzeugkiste gefüllt war, kippte er sie um. Unter großem Geschrei der übrigen Kinder ließ er sich unter Mithilfe der Erzieherin auf die erneute Einräumarbeit ein. Am nächsten Tag spielte die Gruppe wieder draußen im Sandspielkasten. Plötzlich wurde es in dieser Spielecke sehr still. Als die Erzieherin die Ursache des Verstummens erkundete, hielten einige Kinder das schmächtigste Mädchen fest, während Uwe ihr die Nase zuhielt und Sand in den Mund stopfte.

Uwes derzeitige Probleme stellen sich drastisch dar: Das verwöhnte Einzelkind leidet an der Übersättigung mit Spielsachen aller Art. Seine Konzentrationsschwäche resultiert aus dem Überangebot an Anregungen, das ihn in Entscheidungsnot bringt. Die Verlockung eines Spielzeugs wird sogleich durch die eines anderen abgelöst, das noch faszinierender zu sein scheint. Die Frustration, im Überangebot der Spielsachen nicht spielen zu können, macht Uwe durch aggressives Verstreuen des Spielzeugs deutlich. Zugleich sichert er sich damit seine Mittelpunktstellung, die er in der Familie innehat, auch im Kindergarten, indem er die Aufmerksamkeit aller auf sich lenkt. Der erste Schritt zur Verhaltensnormalisierung läge darin, daß sowohl in Uwes Elternhaus als auch im

Kindergarten die Reizauswahl vermindert würde, d.h. daß Spielsachen zeitweilig entfernt würden, um den Kindern die Auswahl zu erleichtern. Es wäre sodann darauf zu achten, daß sich jedes Kind eine gewisse Zeit lang mit dem selbstgewählten Spielzeug beschäftigen lernt, damit aus seinem Spielinteresse Faszination und Konzentration erwachsen können. Uwes zweite Frustration liegt in der elterlichen Ankündigung des Geschwisterkindes, die seine bisherige Mittelpunktstellung in der Familie ins Wanken geraten läßt. Auf diese Bedrohung reagiert er mit Tagträumen, Daumenlutschen und Suche nach besonderer Beachtung. Diese Regression auf ein längst überwundenes Entwicklungsniveau kann als Simulieren säuglingshaften Verhaltens und gleichzeitig als Selbsttröstung zur Kompensation des Verlustes der Mittelpunktstellung verstanden werden. Nach dieser regressiven Phase reaktivieren sich seine aggressiven Kräfte: Er zeigt der Gruppe, daß er ihre Aktivitäten zu durchkreuzen vermag, und benutzt sie am nächsten Tag als Helfer, um sich symbolisch des zu erwartenden Rivalen zu erwehren. Die Wahl des schwächsten Kindes, auf das er seine Todeswünsche projiziert, hat Stellvertreterfunktion für das zu erwartende Geschwister. Die Grausamkeit des Rituals besagt etwas über die Verletztheit von Uwes Gefühlen, bedeutet jedoch keineswegs, daß das Kind zu sadistischem Verhalten neigt. Erzieher und Eltern stehen jetzt vor der gemeinsamen Aufgabe, den Verlust der Mittelpunktstellung aufzuarbeiten, indem Uwe zu einem Miteinander mit anderen im Sinne eines kindgemäßen Gemeinschaftsgefühls (vgl. Abb. 1) angeleitet wird. Seine Frustrationserfahrungen bilden somit die Voraussetzung, um ein höheres Entwicklungsniveau zu erreichen.

Der vierzehnjährige Kai ist das jüngste Kind einer Alkoholikerfamilie, die sich kaum um seine Entwicklung kümmerte. Bekannt ist, daß Kai zu Hause niemals mit Spielsachen hantieren durfte. Wurden ihm Spielzeuge von Nachbarn geschenkt, warfen die Angehörigen sie sogleich in die Mülltonne. Als er mit sechs Jahren in die Heimerziehung überwiesen wurde, fiel er durch schwere Entwicklungsrückstände, selbststimulierendes Verhalten (Schaukeln, Kopfwerfen, Daumenlutschen) und häufiges Durchwühlen von Mülltonnen auf. Seine Entwicklungsrückstände ließen sich nur teilweise aufholen, so daß er heute als lernbehindert eingeschätzt werden muß. Die Angehörigen besuchen ihn oder erkundigen sich nicht nach ihm. Derzeit sitzt Kai häufig allein an einem Tisch und breitet sein Spielzeug so weit aus, daß kein anderes Kind am gleichen Tisch zum Spielen Platz findet. Gesellt sich ihm ein Kind zu, um bei seinem Spiel zuzuschauen, fühlt er sich stets sehr gestört und sucht das Kind zu vertreiben. Handelt es sich dabei um ein schwächeres oder jüngeres Kind, schlägt er nach ihm oder stößt es fort. Seine Schläge erfolgen blindwütig und ohne Rücksicht darauf, wohin und wie stark er schlägt. Häufig benutzt er Bauklötze als Waffe. Bei stärkeren und älteren Mitbewohnern setzt er sprachliche Mittel ein, um sie zu vertreiben. Er benutzt dazu allgemeine Schimpfwörter wie auch persönliche Beleidigungen, die jedoch sehr leise ausgesprochen werden, um Erzieher nicht auf den Plan zu rufen. Bei körperlich überlegenen Kontrahenten wendet er sich hilfesuchend an Erzieher, die er mit Darstellungen zu seinen Gunsten zu Verbündeten zu machen versucht. Verhält sich der Erzieher neutral, setzt Kai autoaggressives Verhalten (Kopfschlagen) ein oder er reagiert seinen Zorn an einem unbeteiligten Kind ab.

Bei Kai fällt auf, daß er ein übermäßiges Bedürfnis nach Alleinsein und Alleinspielen hat. Jede Nähe eines anderen wird als Angriff auf sein isoliertes Spielbedürfnis tätlich oder verbal bzw. durch Hilfeheischen bei Erwachsenen abgewehrt. Möglicherweise wurden seine frühkindlichen Erfahrungen durch Willkürakte seiner Angehörigen so nachhaltig geprägt, daß er des jahrelangen Nachholens von Grunderfahrungen wie ungestörtes Verfügenkönnen über eigene Objekte und einen eigenen Spielraum, in dem er seinen eigenen Intentionen nachgehen kann, bedarf. Frühe traumatische Erfahrungen äußern sich in einem überlangen und gesteigerten Schutzbedürfnis. Seine geringe Frustrationstoleranz im Ertragen menschlicher Nähe kann auch durch frühkindliche Hirnschädigungen bedingt sein. Zu denken ist u. U. an Mangelernährung oder Schläge am Kopf während der ersten sechs Lebensjahre, die zu bleibender Übererregbarkeit des Zentralnervensystems führten. Neurologische Untersuchungen wären hier angezeigt. Für das Zusammenleben in der Gruppe stellen seine Beziehungsprobleme eine erhebliche Belastung dar. Er kennt nur gewaltanwendende Verhaltensmuster. Sein aggressives Sich-Erwehren jeglicher Anteilnahme muß im Sinne reaktiver Aggressivität als noch unbewältigter Rest von Mißtrauen gegenüber allen Mitmenschen gedeutet werden. Um zu einem erträglichen Zusammenleben zu gelangen, wären folgende Einzelschritte erforderlich: Kai sollte zunächst eine Möglichkeit störungsfreien Spielens in einem eigenen Raum bzw. unter abgeschirmten Bedingungen erhalten. Sodann sollte er von sich aus einzelne Mitspieler auswählen können, die er nach eigenem Ermessen zum gemeinsamen Spiel einladen kann. Erste gemeinsame Spielerfahrungen ließen sich danach in einer Kleingruppe, die Kai selbst zusammenruft, fortsetzen. Seiner Rückkehr in die Gesamtgruppe müßten einige Gespräche vorausgehen, die seine Ängste und seine Mittel der Angstabwehr durch überaus harte Gegenangriffe, durch Hilfeheischen bei Erziehern, durch Selbst- und Fremdbestrafungen ansprechen. Seine Spielerfahrungen unter geschützten Bedingungen könnten Anlaß sein, mit ihm nach angemessenen Mitteln der Selbstbehauptung in der Gesamtgruppe zu suchen. Seine Schritte auf das nächsthöhere Entwicklungsniveau zu heißen demnach Erweiterung seiner Frustrationstoleranz in Bezug auf Duldung menschlicher Nähe sowie Erlernen von Selbstbehauptung und Durchsetzung berechtigter eigener Wünsche und Bedürfnisse mit angemessenen und altersgemäßen Mitteln. Es bedürfte eines eigenen Trainings, um ihm seine Möglichkeiten bewußt und wirksam zu machen. Die Probleme autoaggressiven Verhaltens werden in einem eigenen Kapitel erörtert.

3.2. Wolfgang und Bruno: Instrumentelle Aggressivität

Aus den nun folgenden Beispielen geht hervor, daß aggressive Handlungen nicht mehr allein durch Abreaktion von Ängsten und Spannungen gekennzeichnet sind, sondern herausfordernden Zwecken dienen.

Wolfgang ist elf Jahre alt und lebt seit einem Jahr in einer Heimgruppe. Als Jüngster ist er den zehn anderen Gruppenmitgliedern hinsichtlich seiner Intelligenz und Geschicklichkeit weit überlegen. Seine Vorlieben betreffen das Fernsehen, Beschäftigungen mit dem Kassettenrekorder oder anspruchsvolle Spiele. Er fordert, daß sich Erzieher intensiv mit ihm allein beschäftigen. Besuch von seinen Angehörigen erhält er nicht. Als Kind, das einer Vergewaltigung entstammt, war er von seiner Mutter nie angenommen worden. Seine ersten zehn Lebensjahre verbrachte er bei seinen Großeltern, die jetzt verstorben sind. – Seine Erwachsenenorientierung führt im Heim zu Konflikten, sobald sich Erzieher wegen anderer Inanspruchnahme von ihm abwenden. Wolfgang verweigert das Essen, das er gemeinsam mit den anderen in der Gruppe einnehmen soll. Stattdessen versteckt er sich hinter den Stühlen der Gruppenmitglieder und belästigt sie. Seine Provokationen dauern auch bei Mahnungen der Erzieher an. Das darauf fast regelmäßig erfolgende Timing-out nimmt er willig an. Das spätere Einnehmen des Essens verweigert er gleichfalls unter wüsten Beschimpfungen der Erzieher. Wunschverweigerungen oder Wunschaufschübe aller Art werden mit ähnlichen Eskalationen bedacht. Schwächere Gruppenmitglieder werden bevorzugt gehänselt. Gehen sie auf seine Herausforderungen nicht ein, geht er zu handgreiflichen Angriffen über, zu denen er Schlaginstrumente aller Art benutzt. Die Bedrohungen enden meist damit, daß Erzieher Opfer seiner Tätlichkeiten werden, indem sie bei ihrem Einschreiten Wolfgangs Wutausbrüche am eigenen Leibe erfahren. Mit Häme, Treten, Schlagen, Kratzen und Beißen widersetzt er sich allen Versuchen, ihn zu beruhigen. Bei diesen Auftritten, die sich Tag für Tag wiederholen, gerät die Gruppe in panikartige Furcht.

Wolfgangs Verhalten zeigt große Zwiespältigkeiten. Einerseits sucht er Bindungen an Erwachsene, die ihm infolge der mütterlichen Ablehnung und des Todes der Großeltern einen Ersatzhalt bedeuten könnten, andererseits peinigt er die Erzieher aufs äußerste, wenn ihm Zuwendung entzogen wird. Seine Wünsche nach symbiotischen Beziehungen sind aufgrund seiner Vorerfahrungen verständlich, aber nicht altersgemäß, da sie den Anspruch eines totalen Besitzwunsches enthalten. Wolfgangs noch wahlloses Heischen nach Zuwendung besagt, daß er ein tiefgehendes Bedürfnis nach Schutz und Geborgenheit hat. Es wäre zu fragen, ob sich zwei Erzieher des Erzieherteams in besonderer Weise, d. h. in Form einer Patenschaft für ihn verantwortlich fühlen könnten. Diese Patenschaft zunächst auf zwei Personen zu verteilen, empfiehlt sich deswegen, weil bei Abwesenheit der einen Wolfgang nicht dem Gefühl totaler existentieller Verlassenheit ausgesetzt wäre. Allmählich sollte von ihm selbst zwischen den beiden Personen eine Auswahl getroffen werden, wobei er einen ersten Schritt zur Frustrationstoleranz bei ihrer Abwesenheit einzugehen lernt. Die zur Patenschaft bereiten Erzieher hätten die Chance, seine erwachsenenorientierten Beschäftigungen für die Gesamtgruppe nützlich zu machen, damit seine gruppenstörenden Übergriffe allmählich durch gruppenstärkende Aktivitäten überwunden werden. Seine Führungsrolle wird ihm dabei bewußt werden. Mit der gewonnenen Stärke wäre dann das Kernproblem seiner Sozialisation anzugehen, nämlich seine Unterdrükkungsmechanismen in Bezug auf schwächere Gruppenmitglieder. Diese Unterdrückung dient dem Zweck, die Erzieher auf dem Wege über sein gruppenstörendes Verhalten zu zwingen, daß sie sich mit ihm beschäftigen, oder die eigene Selbstbestätigung durch Schwächung anderer herbeiführen zu wollen. Gerade seine tiefinnerlich noch nicht überwundenen Ohnmachtserfahrungen aufgrund seiner Verlassenheit lassen ihn seine instrumentelle Aggressivität als Verweigerung seiner Teilnahme am Essen – der gemeinschaftsbildenden Aktivität an sich – als Machtinstrument benutzen. Diese Verweigerung beinhaltet letztendlich nicht nur die Ablehnung der Gruppe und der hier vorfindlichen Lebensbedingungen, sondern auch der persönlichen Weiterentwicklung. Die als Paten tätigen Erzieher hätten die Aufgabe, die Gründe der Nahrungsverweigerung bewußt zu machen und Wolfgang durch verstärkte persönliche Zuwendung und Gespräche zu prosozialem Gruppenverhalten und einer konstruktiven Zukunftsorientierung zu ermutigen.

Bruno, zum Zeitpunkt der Auseinandersetzungen 28 Jahre alt, fand Aufnahme in eine Wohngruppe als Minderbegabter mit Verhaltensauffälligkeiten. Seine Heimkarriere hatte bereits im sechsten Lebensjahr begonnen, weil seine Großeltern, bei denen er bis dahin gelebt hatte, ihn wegen seines umtriebigen und aggressiven Verhaltens nicht mehr ertragen konnten. Zwanzig Jahre war er in verschiedenen Heimen mit strenger Führung untergebracht. In das hiesige Heim war er vor einem Jahr überwiesen worden, weil es näher zu seiner Herkunftsfamilie liegt und bessere Ausbildungsbedingungen für ihn bietet. Seine Wunschvorstellung war, möglichst bald zu seiner Mutter ziehen zu können, die ihn jedoch seit früher Kindheit ablehnte und noch niemals besuchte. In seine

Wohngruppe hatte er sich nach einem Jahr noch nicht eingefügt. Er sprach verächtlich von seinen Mitbewohnern und dünkte sich begabter als die anderen. Seine Sticheleien und hämischen Bemerkungen häuften sich vor allem während einer Ferienfreizeit. Den Gruppenbetreuern gegenüber verhielt er sich teils unterwürfig, teils überhäufte er sie mit Zutraulichkeiten und Verbrüderungsangeboten. Alle Betreuer außer einem gingen auf diese Verbrüderung ein. Derjenige Betreuer, der sich das Du verbat, weil es wegen Brunos noch anstehender Ausbildungssituation nicht angeraten sei, wurde von nun an mit immer stärkeren verbal-aggressiven Belästigungen bedacht. Bruno suchte nach Anlässen, mit diesem Betreuer in Auseinandersetzungen zu geraten. Er stachelte seine Mitbewohner zu aufrührerischem Verhalten an und scheute nicht davor zurück, ihn bei Vorgesetzten zu verleumden. An einem Sonntag steigerten sich die Herausforderungen derart, daß sich alle Anwesenden in einen Zustand höchster Gereiztheit hineinsteigerten. Der Sonntagsdienst wurde von demjenigen Betreuer durchgeführt, der es gewagt hatte, Bruno in seine Schranken zu weisen. In einem Zustand allgemeiner Mißstimmung bemerkte Bruno, er verlasse jetzt die Gruppe, „um ein paar Türen einzutreten". Der Betreuer stellte sich ihm, da er Bruno in diesem Ausnahmezustand nicht gehen lassen wollte, in den Weg und blockierte die Tür. Bruno packte ihn und drängte ihn in eine Abstellkammer mit den Worten: „Jetzt mach ich dich fertig!" Im Verlauf der Handgreiflichkeiten stürzte der Betreuer. Mit Unterstützung der übrigen Gruppenbewohner konnte er andere Mitarbeiter, die sich zwei Stockwerke tiefer aufhielten, zu Hilfe rufen. Bruno blieb bei diesen Handgreiflichkeiten sehr kontrolliert. Es war ihm anzumerken, daß es ihm darum ging, ihn selbst belastende Fakten zu schaffen. Bei einem gemeinsamen Gespräch mit allen Mitarbeitern gab er zu, daß er diesen Vorfall herbeigeführt hätte, um in eine andere Wohngruppe verlegt zu werden. Als sein erpresserischer Versuch nicht in seinem Sinne entschieden wurde, drohte er, seine Mitbewohner bei nächster Gelegenheit zu strangulieren. Um mögliche Gefahren abzuwenden, wurde Bruno sofort auf eine Akutstation gebracht. Auf dem Weg dorthin entschuldigte er sich bei dem mißhandelten Betreuer und versicherte, es sei ihm nur um die Verlegung gegangen.

In diesem Beispiel instrumenteller Aggressivität zeigt sich ein vorsätzliches Zielerreichungsverhalten, das sich in mehreren Ansätzen steigert. Zunächst äußert sich dieses Zielerreichungsverhalten in Abwertungen der Mitbewohner, die nach Brunos Auffassung ihm nicht ebenbürtig sind. Gleichzeitig verbündet er sich mit Gruppenbetreuern, die sein schäbiges Spiel nicht durchschauen (wollen), um an deren Ansehen und Einfluß teilzuhaben. Aus dieser Position vermeintlicher Stärke greift Bruno verbal-symbolisch, aber auch mit den Mitteln des Verächtlichmachens und zuletzt tätlich-handgreiflich den distanziert sich verhaltenden Betreuer an. Dieser erwehrt sich der Übergriffe nur zum Zweck des Selbstschutzes. Bruno findet bei dieser eingeschränkten Gegenwehr des Betreuers Gelegenheiten, seine brutalen Methoden der Selbstdurchsetzung zu steigern, um die Veränderung seiner Wohnsituation zu erreichen. Mit seinen sadistischen Strategien hat Bruno diesmal sein Ziel erreicht und vor allem eine tiefe Verunsicherung des Betreuers hinterlassen. Ein Kennzeichen instrumenteller Aggressivität ist stets das Infragestellen mitmenschlicher Beziehungsangebote und zwischenmenschlicher Ordnungen als Grundbedingungen des Zusammenlebens schlechthin. Der furchtauslösende Anteil instrumenteller Aggressivität liegt in der freigesetzten Willkür, die sich ins Maßlose steigert. Brunos Wiedereingliederung in seine Wohngruppe muß in mehreren Teilschritten versucht werden: Er muß die Konsequenzen erkennen lernen, die sein Verhalten zur Folge hat. Seine Abwertungen müssen als Tricks entlarvt werden, die ihm bisher seine Machtposition in der Gruppe zu erreichen halfen. Anstelle seiner bisherigen Überkompensationen zur Festigung seiner Fiktion des Obenseins (vgl. Abb. 1) muß eine realistische Einschätzung treten, wie er die Anerkennung der Mitbewohner und Betreuer durch angemessenes Verhalten erreichen kann. Das auch bei ihm zu vermutende Bedürfnis, von anderen akzeptiert zu werden, muß durch prosoziales Verhalten im Gruppenalltag gefördert und bestätigt werden. Dazu bedarf es vieler Einzelgespräche, um Bruno beim Aufbau mitmenschlicher Beziehungen zu helfen. Prosoziales Verhalten muß ihm über einen längeren Zeitraum kontingent verstärkt und kontinuierlich mit ihm reflektiert werden. Vor allem gilt es, alle Beteiligten zu entängstigen und zu überlegen, wie ähnlichen Auswüchsen rechtzeitig – beispielsweise durch Einschränkung von Rechten – entgegengetreten werden kann.

3.3. Antje und Sabine: Imitative Aggressivität

Antje ist 16 Jahre alt und lebt seit ihrer frühen Kindheit in einer Heimgruppe. In allen belastenden Situationen reagiert sie mit Essensverweigerung, einerlei, ob in ihrer Nähe laut gesprochen oder ob eine Mitbewohnerin getadelt wird. Häufig beginnt sie sich bereits beim Frühstück vor dem Essen zu ekeln und übergibt sich danach. In manchen Nächten zupft sie sich ihre Wimpern und Augenbrauen aus. Dieses Verhalten tritt allerdings nur tageweise in Erscheinung. Zwischenzeitlich verhält sie sich unauffällig und geht freundlich mit ihren Mitbewohnerinnen um. Wird jedoch ihre Essensverweigerung von ihnen angesprochen, reagiert Antje mit Schlägen und Fußtritten. Den Gruppenbetreuerinnen möchte sie ebenbürtig sein. Jede kritische Äußerung der Erzieherinnen löst erneut ihre Verweigerungshaltung aus. Während der Verweigerungsphasen benutzt sie häufig ein Spieltelephon im Nebenzimmer zu Selbstgesprächen, indem sie sich in verschiedene Rollen versetzt.

Eindeutig steht Antjes Wunsch nach Identifikation mit den nur wenig älteren Erzieherinnen im Vordergrund. Als Geschwister oder Ersatzeltern imaginiert, sieht Antje in ihnen haltgebende Personen, mit denen sie sich durch Imitation identifizieren möchte. Bei Ermahnungen oder Strafimpulsen der Erzieherinnen reagiert sie selbst- und fremdbestrafend. Ihre Essensverweigerung und Selbstschädigungen müssen als internalisierte Fremdbestrafungen gedeutet werden, die durch die nachfolgende Aufmerksamkeit ihrer Umwelt wiederum negativ verstärkt wird. Jegliche kritische Äußerung der Erzieherinnen, gelte sie nun ihr oder anderen, beantwortet sie mit eigenem Störverhalten. Zur Wiederherstellung der gestörten Harmonie greift sie auf das Medium „Telephon" zurück, das der Kontaktpflege dient und sprachlich-symbolische Interaktionen möglich macht. Ihre Selbstgespräche, die sie mit verschiedenen Rollen besetzt, können als Probeversuche, Kommunikation neu anzubahnen, betrachtet werden. Diese Telephongespräche bieten einen Weg an, Antjes Wunsch nach Bewältigung der zwischenmenschlichen Konflikte aufzugreifen, indem sich eine Erzieherin ein zweites Telephon beschafft und im gleichen Raum Zwiegespräche mit ihr führt. Allmählich können alle belastenden Ereignisse mittels eines Realtelephons und schließlich auf Gesprächsebene zur Sprache kommen. Antjes Störverhalten muß den Erzieherinnen Anlaß sein, ihre eigenen Äußerungen besser zu kontrollieren und mehr Wertschätzung an den Tag zu legen. Ihre Imitationen des Erzieherverhaltens müssen als Einstiegsmöglichkeit verstanden werden, um durch eine Zunahme wertschätzender Bestätigungen die Selbsteinschätzung des Mädchens positiv zu verändern. Eine verbesserte Selbsteinschätzung erweist sich als unvereinbar mit Selbst- und Fremdschädigungen. Eine positivere Einstellung zu sich selbst kann auch durch gemeinsame Überlegungen zur Verbesserung des Aussehens, der Frisur und zur Auswahl der Kleidung gewonnen werden. Die Essensverweigerungen können auf dem Umweg über gemeinsames Einkaufen, Kochen und Backen sowie über das Zusammenstellen schmackhafter Rezepte und Speisenfolgen überwunden werden.

Sabine ist 15 Jahre alt und lebt in einer altersgemischten Gruppe mit zwölf Jungen und Mädchen zusammen. Sie fällt wegen ihres Minderwuchses und einer stark retardierten Gesamtentwicklung auf. Mit ihrem unsteten Verhalten wirkt sie hektisch und unruhestiftend. In Abwesenheit von Erziehern übernimmt sie gern die Führungsrolle, indem sie diese nachahmt und übertreibend laut die Gruppe zu maßregeln sucht. Häufig steht sie allein abseits, führt Selbstgespräche, schaukelt oder schlägt sich am Kopf. Ihre Selbstgespräche sind oft Dialoge mit einer älteren Putzhilfe, die Sabine liebt und auch von dem Mädchen gern gemocht wird. Diese phantasierte Dialogpartnerin dient jedoch auch als Adressatin ihrer Wutäußerungen, indem Sabine sie beschimpft oder hart mit ihr umgeht. Ihre einsamen Dialoge häufen sich, wenn in der Gruppe Unstimmigkeiten herrschen. Gehen die Erzieher auf Sabine ein, läßt sie sich gern in die Gruppenaktivitäten zurückholen. Manchmal wird Sabine von ihrem Großvater besucht, der ihr damenhaftes Verhalten und Fremdsprachenkenntnisse – in völliger Verkennung der dazu fehlenden Voraussetzungen – abverlangt. Diese Kurzbesuche verstärken ihre phantasierten Dialoge ebenfalls.

In diesem Beispiel zeigen sich einige Parallelen zu Antje, obgleich beide Mädchen keine Gelegenheit haben, ihr Verhalten wechselseitig nachzuahmen. Sabines Verhalten unterscheidet sich hingegen von Antjes Selbstschädigungen, indem sie trotz ihres Minderwuchses im Vordergrund des Gruppengeschehens agiert und ihre Aktivitäten nicht übersehen werden können. Die Gemeinsamkeiten ihres Verhaltens liegen in den Identifikationsbedürfnissen, die sie den Erwachsenen ihres Lebensbereiches entgegenbringen. Sabine zeigt deutlich, daß es ihr um die Teilhabe am Prestige und Einfluß der Erzieher geht. Hinsichtlich der Erzieher erweisen sich ihre Identifikationswünsche als machtorientiert. Im Hinblick auf die Putzhilfe treten ihre emotionalen Bedürfnisse, aber auch ihre wütenden Affektsteigerungen in Erscheinung. Die Abwesenheit der geliebten Person veranlaßt sie, sich selbst stellvertretend Zuwendung oder Strafimpulse zu vermitteln. Ihre Flucht in die phantasierte Eigenwelt muß als Selbstschutz gedeutet werden, auf den Sabine zurückgreift, wenn ihr die Belastungen des Gruppenalltags über den Kopf wachsen. Bei Sabine sind machtorientierte und bedürfnisorientierte Identifikationswünsche zu beobachten. Sie spielt ihre Wunschvorstellungen einerseits im Nachahmen der Erzieher, andererseits in imaginierten Gesprächen durch. Ihre imitative Aggressivität bedarf einesteils einer intensiveren Selbstkontrolle der Erzieher wie in Antjes Fall, damit Sabine Gelegenheiten findet, ihre Antriebsdynamik konstruktiven Vorbildern entsprechend auszubilden. Zum andern ist dringend anzuraten, Sabines emotionalen Wünschen durch Realkontakte mit einer Patin entgegenzukommen. Diese Bezugsperson mußte eine Zeitlang beraten werden, wie Sabines Ausflüchten in eine phantasierte Scheinwelt begegnet werden kann. Ihr Realitätsbezug muß gleicherweise durch Mithilfe im Gruppenalltag gestärkt werden. Das aggressive Nachäffen abwesender Erzieher sollte spielend oder gesprächsweise angegangen werden, wenn es sich wiederholt. Demgegenüber müssen Sabine echte Bewährungsmöglichkeiten eröffnet werden, die ihr die positive Bestätigung durch die Gesamtgruppe sichern.

3.4. Die Gruppe in A.: Identifikative Aggressivität

Die Beschreibung identifikativer Aggressivität in Kap. 2.4. betont, daß es sich um Gruppenzusammenhänge handelt, in die Einzelschicksale verflochten sind. Entscheidende Wirksamkeit kommt dem Gesamtgeschehen der Gruppe zu. Die erzieherische Einflußnahme hat somit die Dynamik der Gesamtgruppe zu berücksichtigen. Das nun folgende Beispiel steht für viele ähnliche Übergriffe. Daher sei in diesem Kapitel die exemplarische Beschränkung auf eine einzige Begebenheit vorgenommen.

Die Gruppe in A. besteht aus etwa 20 männlichen Jugendlichen im Alter zwischen 12 und 20 Jahren. Ihre Haupttreffpunkte sind der Markt, das Postamt, Jugendheime und Spielplätze einer Kleinstadt. Bei den Zusammenkünften ist Alkoholkonsum an der Tagesordnung. Die meisten Jugendlichen dieser Gruppe haben wegen der Grenznähe dieses Ortes Erfahrungen mit dem Drogenkonsum. In letzter Zeit häufen sich verbale Provokationen gegenüber Passanten und Gewalttätigkeiten gegenüber Müttern mit Kleinkindern, älteren Menschen und anderen Jugendlichen. Die verbalen oder tätlichen Übergriffe erfolgen oft ohne sichtlichen Anlaß. – Eines Tages besucht ein 14jähriger Junge die Kirmesbuden auf dem Markt und steht eine Zeitlang ohne Begleitung am Autoscooter. Plötzlich wird er von zwei Gleichaltrigen aus der genannten Gruppe von hinten angefallen, gefesselt in ihre Mitte genommen und unter Zwang auf den nächsten Spielplatz geführt, wo sich die alkoholisierte Gruppe gerade aufhält. Er kennt einige von Ansehen her. Alle umringen ihn, schlagen ihn ins Gesicht und in den Magen, stoßen ihn hin und her und sind nahe daran, ihn zu Boden zu werfen. Eine Passantin, die den Vorgang beobachtet, durchbricht den Kreis der johlenden Jugendlichen. Sie befreit den Angegriffenen und führt ihn zu einer Telefonzelle, wo sie seine Eltern informiert. Es ist bekannt, daß sich die Gruppe häufig noch jüngere Opfer aussucht, die ähnlich geschunden und zum Eintritt in die Gruppe gezwungen werden.

Der strafrechtliche Tatbestand der Nötigung und Körperverletzung soll an dieser Stelle nicht erörtert werden. Vielmehr ist zu fragen, welcher Art die aggressive Dynamik ist, die hier zutage tritt, und wie sie möglicherweise beeinflußbar ist. Zunächst ist festzustellen, daß die Zusammenrottung randalierender Jugendlicher an sich bereits angstauslösend wirkt und daß sich durch Lärm, auffälliges Aussehen und Verhalten diese Wirkung verstärkt. Das Bewußtsein eigener Übermacht wird durch Alkohol- und Drogenkonsum zusätzlich gesteigert. Die hier zutage tretende destruktive Aggressivität hat vermutlich Monotonie des Kleinstadtlebens, fehlende Ausbildungsmöglichkeiten und daraus entstehende Langeweile und Zukunftsangst als Ursachen. Selbstbestätigungen werden konsumierend und destruktiv agierend gesucht. Der Gruppenzusammenschluß funktioniert unter den Vorzeichen gemeinsamen Konsums und gemeinsamer

Randale als Machtbeweise. Unterwerfung unter das sadistische Zwangsritual der Gruppe wird keineswegs als schuldhaft empfunden, sondern als dem Allmachtsideal der Gruppe entsprechend. Dem Zwang quantitativer Ausweitung zwecks eigenen Prestigegewinns folgend, werden neue Gruppenmitglieder vor die Alternative „Gewalt oder Unterordnung" gestellt. Die persönliche Verantwortlichkeit der Mitglieder ist ausgelöscht, die alkoholisierten Enthemmungszustände steigern das gemeinsame narzißtische Allmachtsgefühl. Mitgefühl mit dem Opfer oder Abwägen der Folgen aus den zugefügten Mißhandlungen fallen nicht in Betracht.

Den Beobachter packt angesichts dieser Praktiken ein Gefühl von Ohnmacht und Aussichtslosigkeit, wie diesen jungen Leuten überhaupt noch beizukommen sei. Der Ruf nach der Polizei scheint der einzige Ausweg zu sein, enthält jedoch auch das Risiko noch härterer Konfrontationen. Als Alternative böte sich der Einsatz professionell vorbereiteter Helfer, des „Streetworkers" als Sonderform der Sozialarbeit, an. Für den Einsatz eines professionellen Helfers spricht, daß er weniger emotional als Angehörige und Betroffene den hier anstehenden Problemen begegnet; daß er sich ohne Prestigeverlust in Sprache, Kleidung und Verhalten der Gruppe annähern und als Mittler zwischen so unterschiedlichen Personengruppen wie Eltern, Jugendbehörden, Lehrern, Meistern, Polizei und Jugendrichtern tätig werden kann. Die Methoden der Kontaktaufnahme mit der Gruppe sind persönlichkeitsbedingt variabel. Von entscheidender Bedeutung ist die Zielsetzung, diese Gruppe vor strafrechtlichen Konsequenzen zu bewahren, um die Zukunftsperspektiven der Mitglieder nicht noch zusätzlich mit Jugendstrafen zu belasten. Der Streetworker muß versuchen, der Gruppe bzw. ihrem Rädelsführer die Folgen der Gewaltanwendungen darzustellen. Gleichzeitig müssen Möglichkeiten aufgezeigt werden, die angestaute Dynamik der Gruppe auf sozial nützliche Aktivitäten zu richten, zu denen die betroffenen Eltern, Schulen, Jugendbehörden und Handwerksbetriebe gleicherweise ihre Mithilfe leisten müssen. Die Wiedereingliederung randständiger Gruppen ist mit vielen Widerständen und vor allem mit Vorurteilen gegenüber den Randständigen konfrontiert. Dennoch bedeutet sie die rechtzeitige Verhütung von Jugend- bzw. Bandenkriminalität. Die Umleitung der Gruppenaktivitäten bedeutet keineswegs eine Verhinderung identifikativer Aggressivität, sondern ihre Sozialisierung und Kultivierung auf sozial nützliche Wertorientierungen hin, die die destruktive Phase der Gruppe im Rückblick als Durchgangsstadium erscheinen lassen.

Es versteht sich, daß Streetworker nicht jeder Gemeinde zur Verfügung stehen. Es ist daher ratsam, einen in der Kreisstadt oder in der Region angestellten Streetworker im Aushilfsverfahren in Problemsituationen zu Rate zu ziehen. Seine „Feuerwehrfunktion" muß durch nachgehende psychologische Hilfestellungen ergänzt werden. Der rechtzeitige Einsatz professioneller Helfer ist geeignet, kriminelle Karrieren verhindern zu helfen.

4. Exkurs: Autoaggressionen

Manche Beispiele des vorigen Kapitels zeigten selbstschädigendes und selbstverletzendes Verhalten als bewußte oder unbewußte Schmerzzufügungen gegen die eigene Person. In körperbezogenen Formen finden sie sich gehäuft im Verhalten Behinderter, die über keine ihren Gefühlen und Bedürfnissen angemessene Sprache verfügen und in ihren Ausdrucksmöglichkeiten daher auf Körpersignale beschränkt bleiben. Im erweiterten Sinne können alle Formen von Suchtverhalten, von Selbstquälereien, Zwangsgrübeln, unrealistischen Selbstbeschuldigungen und Zwangsverhalten wie auch von psychosomatischen Erkrankungen zu den Autoaggressionen gerechnet werden. Demnach ist das Problem der Autoaggressivität in allen Bevölkerungskreisen verbreitet. Nissen unterscheidet Autoaggressionen in den Formen vorübergehender Verhaltensstörungen oder demonstrativer Handlungen, als Primitivreaktionen in Erregungs- und Verzweiflungszuständen, als zwanghafte Bewegungsstereotypien, als Suizidäquivalente und als Leerlaufmechanismen, die eine Unterbrechung der Monotonie intendieren und zuweilen lustbetonte masochistische Komponenten enthalten (1976a, 35). Da Autoaggressionen lediglich die eigene Person betreffen und meist keine Fremdverletzungen zur Folge haben, lösen sie kaum Angstreaktionen beim Betrachter aus. Allenfalls bewirken sie Betroffenheit, weil im Zustand autoaggressiven Verhaltens Umweltorientierung, Kommunikationsbereitschaft und Lernfähigkeit blockiert sind. In quantitativer Auftretenshäufigkeit wirken sich Autoaggressionen daher als entwicklungsbehindernd aus.

Mutmaßungen zu den Verursachungen autoaggressiven Verhaltens erörtern vier mögliche Entstehungsbedingungen, die auch kombiniert beteiligt sein können (Klauss 1987, 108–118).

Die erste Hypothese geht von organischen Ursachen wie Stoffwechselerkrankungen, Hirnschädigungen, Schwachsinnszuständen, Psychosen, Demenz, Anomalien der Haut oder anderen Organerkrankungen aus, deren Träger nicht in der Lage sind, ihre Beeinträchtigungen zu begreifen, mitzuteilen oder selbst zu beeinflussen. Unlustgefühle werden ähnlich wie bei Kleinkindern ganzkörperhaft oder mit ständig wiederkehrenden Stereotypien abreagiert. Die Schmerzzufügungen können auch tranceartige Lustgefühle bewirken. Vermutlich liegen diesem Verhalten veränderte Schwellen für Schmerzempfindungen zugrunde. In diesen Fällen haben Autoaggressionen die Funktion, erlebte Spannungen oder Emotionen abzureagieren oder die Langeweile zu unterbrechen. Abhilfe können möglicherweise eine Ernährungsumstellung, entspannende Bäder, eine hautfreundliche Kleidung, viel Bewegung draußen und einfache körperliche Betätigungen herbeiführen.

Die zweite Hypothese nimmt Autoaggressionen als wahrnehmungsbedingt an: Bei individuell herabgesetzter oder veränderter Wahrnehmungsfähigkeit beispielsweise der Autisten, der Blind- und Taubgeborenen und gleichzeitigem Mangel an entwicklungsfördernden Stimulationen durch die Umwelt können Autoaggressionen als Mittel entdeckt und verfestigt werden, um sich angenehme Wahrnehmungen zu verschaffen und Ängste abzuwehren. Um herauszufinden, ob das autoaggressive Verhalten vorwiegend der Selbststimulation oder der Angstabwehr dient, ist zu beobachten, ob es gehäuft auftritt, wenn der Betroffene sich selbst überlassen ist oder wenn überraschende bzw. komplexe Situationen anstehen. Im ersteren Fall müßte über die Anbahnung von Blick- und Körperkontakten eine stärkere Selbstwahrnehmung und Umweltorientierung aufgebaut und allmählich zu Spielaktivitäten und sinnvollen Beschäftigungen übergegangen werden. Handelt es sich hingegen mehr um Angstabwehr, so sind Hilfen zur Angstreduktion, zur Entspannung und zur Strukturierung komplexer Situationen angezeigt. Neben diesen allgemeinen Hilfen müssen speziellere eingesetzt werden, die das Individuum ablenken, sich selbst stets an der gleichen Körperstelle zu verletzen. Bei selbstverletzendem Verhalten beispielsweise am Arm können andere Körperteile so sensibilisiert werden, daß das Individuum durch andere Reizeinwirkungen angesprochen wird, so daß die bis dahin lustvolle Reiz-Reaktionskette allmählich abgeschwächt und neutralisiert wird.

Eine dritte Hypothese zur Entstehung von Autoaggressionen geht davon aus, daß sie operant bedingt, d. h. durch Lernen am Erfolg oder als Vermeidungslernen erworben sind. Mit dem Einsatz autoaggressiven Verhaltens werden Zuwendung und Bedürfnisbefriedigungen erreicht, unangenehme Anforderungen unterbrochen, belastende Situationen beendet und Frustrationen vermieden. Die Essensverweigerung von Wolfgang (Kap. 3.2.) kann als Beispiel erlernter Selbstschädigung gelten. Die Betroffenen fühlen sich außerstande, eigene Bedürfnisse zu äußern und zu befriedigen, sich gegen Überforderungen zu wehren und sich anders als durch Verweigerungen Geltung zu verschaffen. Ihre Selbstschädigungen sind die nonverbale Sprache, auf sich aufmerksam zu machen und sich mittels ihrer Verhaltensauffälligkeiten mitzuteilen. Den operant bedingten Autoaggressionen liegt daher ein geringes Zutrauen zu höherentwickelten eigenen Fähigkeiten zugrunde. Hilfen können sein, dem Individuum Verständigungsmöglichkeiten an die Hand zu geben, ihm Alternativen anzubieten, die seinen Wunschvorstellungen entgegenkommen, und belastende Situationen zu erleichtern. Gleichzeitig ist abzuwägen, ob seine Frustrationstoleranz erweitert werden muß, beispielsweise durch Zumutungen des Wartens und der Rücksichtnahme auf andere. Operant bedingte Autoaggressionen können durch Ignorieren von Fehlverhalten und Verstärken aller Verhaltensformen, die als konstruktiv und kooperativ einzuschätzen sind, beeinflußt werden. Dem Betroffenen muß bewußt werden, daß er mit reiferem Verhalten mehr soziale Anerkennung erlangt.

Die vierte Hypothese schließlich deutet Autoaggressionen als Selbstbestrafungen. Als besondere Hilflosigkeit liegt hier die Unfähigkeit vor, Trauer, Verluste, Frustrationen oder Konflikte in zuträglichen Formen zu bewältigen. Die Unfähigkeit des Individuums bezieht sich auch darauf, daß es Gefühle und Bedürfnisse nicht zu äußern vermag, daß es sich nicht durchsetzen, nichts verweigern und sich fremder Zumutungen nicht erwehren kann. Autoaggressionen dieser Art ereignen sich am Arbeitsplatz oder in Familien, wo um des Friedens willen oder zur Vermeidung von Arbeitsplatzverlust bzw. von Trennungen und Beziehungsabbrüchen Belastungen somatisiert werden. Die eigene Existenz und Leiblichkeit dienen als Ersatz für die nach außen nicht zugelassenen Aggressionsäußerungen und Auseinandersetzungen. Neben medizinischen Hilfen müssen die Ursachen der Somatisierungsprozesse bewußt gemacht und die Lebenssituation durch therapeutische Hilfen oder durch Verhaltenstraining verbessert werden. Liegen unveränderliche äußere Beeinträchtigungen vor, kann das Individuum u. U. eine andere Deutung seiner Belastungen gewinnen bzw. ausgleichende und entspannende Hilfen finden.

Die den Autoaggressionen insgesamt zugrunde liegenden Störungen der Aggressionsentfaltung (Nissen 1976, 36) können gleichfalls nach reaktiven, instrumentellen, imitativen und identifikativen Formen (vgl. Kap. 2) unterschieden werden. Gemeinsames Kennzeichen ist die gegen die eigene Person gerichtete Energie, die sich anstelle nach außen gerichteter Aktivitäten selbstschädigend auswirkt. Demzufolge ist bei Autoaggressiven als Erziehungsziel anzustreben, Möglichkeiten des Aussprechens von Wünschen und des Ausagierens von Spannungen zu schaffen, sei es in Formen des Spiels und Sports für reaktiv Autoaggressive, in Formen verbal-symbolischer Kommunikation für instrumentell Autoaggressive oder in Formen konstruktiven sozialen Handelns für imitativ und identifikativ Autoaggressive. Die beiden letztgenannten Verhaltensmöglichkeiten können auch auf „Identifikationen mit dem Aggressor" (Freud) zurückgeführt werden. Sie stellen Erzieher vor die Frage, ob und wieweit die im eigenen Verhaltensstil vermittelten aggressiven Impulse gemildert werden können. Ferner ist, um autoaggressive Vorbilder weitgehend auszuschließen, zu befürworten, daß Personen mit selbstschädigendem Verhalten in Wohngruppen untergebracht werden, deren mitmenschliches Verhalten entspannt und freundlich ist. Neben Individualhilfen sind Milieuänderungen erforderlich. Es ist ein Problem der Selbsterziehung des Erzieherteams, unterschwellige aggressive Impulse weitgehend zu vermeiden. Supervisionen können lediglich deren Vorhandensein feststellen. Sie zu verringern, um ihre autoaggressiven Folgen in Wohngruppen allmählich abzubauen, stellt sich als Anfrage an das moralische Niveau der Erzieher oder der Eltern.

5. Entstehungsbedingungen konstruktiver Antriebsdynamik sowie defizitärer und destruktiver Aggressivität

Wie bereits in der Einleitung erwähnt, kann sich bei günstigen Entwicklungsbedingungen die kindliche Antriebsdynamik in konstruktiven Formen entfalten. Gleichwohl kann sie auch defizitäre Entwicklungen eingehen oder sich als selbst- und fremdzerstörerische Kraft erweisen. Der nun folgende Hauptteil geht der Frage nach, welche Entwicklungsbedingungen und Umwelteinflüsse konstruktive oder schädigende aggressive Reaktionsbereitschaften begünstigen und welche verstärkenden Bedingungen sie verfestigen. Dazu werden psychosoziale Wechselwirkungen im Kindes- und Jugendalter befragt, die an der Entstehung der Antriebs- und Aggressionsdynamik mitbeteiligt sind. Dem intervallähnlichen Verständnis psychosozialer Entwicklung verpflichtet, werden in diesem Kapitel vier Entwicklungsphasen auf mögliche phasenspezifische Verdichtungen von Beziehungsproblemen befragt.

5.1. Die Oralphase

Bereits während der Schwangerschaft beeinflußt das Befinden der Mutter, das sich in ihren Stimmungen anzeigt, den körperlichen und seelischen Zustand des ungeborenen Kindes. Über die Stoffwechselprozesse der Mutter nimmt es bereits in der vorgeburtlichen Lebensphase unbewußt wahr, ob entwicklungsfördernde oder einschränkende Lebensbedingungen vorgegeben sind. Seine unentrinnbare Abhängigkeit vom mütterlichen Milieu prägt es nachhaltig und macht es für Reizeindrücke empfänglich, ohne sich abschirmen zu können. Nach der Geburt äußert sich die Aufnahmebereitschaft der Umwelt im Pflegeverhalten der Bezugspersonen und wird erkennbar an der Geschmeidigkeit der Hände, am Stimmklang sowie an der Sorgfalt, mit der Nahrung und Kleidung, Geborgenheit und Anregungen dem Säugling bereitgestellt werden. In dieser vorwiegend durch Lust- und Unlustgefühle erlebten Oralphase verschiebt sich die autoerotische Bedürfnisbefriedigung allmählich auf heteroerotische Kontakte mit der Umwelt (Nissen 1976a, 14). Dabei ist zu beachten, daß beißendes Nahrungsheischen des Kindes zu Zurückweisungen der Mutter führen kann, die erste Zwiespältigkeiten in der Mutter-Kind-Beziehung anzeigen. Eine versteckte oder offene Ablehnung des Kindes wird gleichfalls über stimmliche, mimische und gestische Ausdrucksformen vermittelt. Die Befindlichkeiten seiner Umwelt prägen seine früheste Lebensgrundstimmung. Es reagiert ganzheitlich auf seine Daseinsbedingungen. Je sorgfältiger die Umwelt seine Bedürfnisse beantwortet, desto differenzierter gestalten sich die wechselseitigen Austauschprozesse des Kindes mit seiner Umwelt und desto kraftvoller entwickelt sich seine Antriebsdynamik. Mit seinem Lächeln, seiner Neugier und Freude erschließt es sich immer mehr Anteilnahme seiner Bezugspersonen, die ihrerseits wiederum seine Aufmerksamkeit und Wahrnehmungstätigkeiten fortwährend aktivieren. Diese konstruktive Antriebsdynamik erweist sich im ersten Lebensjahr als wachsendes Interesse des Kindes an der Umwelt und als schnelle Entwicklung seiner Spontaneität und Lernbereitschaft.

Neben dem Ausbleiben emotionaler Zustimmung bilden geringe

Zuwendungen zum Kind Bedingungen, die die Härte und Kargheit seines künftigen Daseins vorwegnehmen. Emotionale und körperliche Mangelzustände im ersten Lebensjahr mindern die kindliche Spontaneität und sein Interesse an der Umwelt. Diese können durch unstete elterliche Fürsorge, durch eine wechselhafte oder ungenügende Versorgung des Kindes, aber auch durch besondere Störanfälligkeiten oder Behinderungen des Säuglings verursacht sein. Bei sehr jungen oder seelisch gestörten Müttern führen die Vernachlässigungen des Kindes zuweilen zu lebensbedrohenden Folgen. Das Nichtbeachten seines wachsenden Reizhungers und seines zunehmenden Antriebsüberschusses bedeuten für das Kind gleichfalls Blockierungen seiner Antriebs- und Entwicklungsdynamik. In langen Schrei- und Erregungsphasen sowie nachfolgenden Erschöpfungszuständen werden Nahrungsaufnahme, Schlaf und alle übrigen vegetativen Funktionen beeinträchtigt. Psychosomatische Störungen wie häufiges Erbrechen, Magenkrämpfe, Hautekzeme, langdauernde Verstimmungszustände, Anregungsmangel, Hunger- und Verlassenheitsgefühle können das Kind apathisch machen und eine pessimistische Lebensgrundstimmung bei ihm auslösen (Erikson 1976, 241–245). Da sich das vernachlässigte Kind zunehmend passiv verhält, erfährt es immer weniger Zuwendung von außen. Dadurch vermindern sich seine Aktivierungen zusätzlich. Es kommt zu partiellen oder universellen psychophysischen Retardierungen bzw. Verkümmerungen seiner emotionalen, kognitiven und statomotorischen Fähigkeiten. Eine Polarisierung gehemmter und überschüssiger Antriebsdynamik, die sich in Leerlaufhandlungen wie beispielsweise Jaktationen oder Schaukelbewegungen äußert, bahnt sich an. Das vernachlässigte Kind „lernt“, d.h. übt bereits während der Oralphase ein, daß es sich selbst Befriedigungen verschaffen muß, da die Umwelt sie ihm verweigert. Fixierungen an autoerotische Bedürfnisbefriedigungen wie Jaktationen, Daumenlutschen oder späteres Suchtverhalten bzw. schnelle Regressionen auf orale Befriedigungen im späteren Lebensalter werden vorgebahnt. Auch die Fähigkeit, eine Zeitlang allein sein zu können, hängt von der affektiven Sättigung des Säuglings während der frühen Mutter-Kind-Beziehung ab. Frühe emotionale Entbehrungen wirken sich u. U. später als Angst vor dem Alleinsein und vor Beziehungsverlusten, aber auch als Bindungsschwäche aus, da mit jeder Annäherung an eine neue Bezugsperson zugleich Verlustängste aufgerührt werden. Vor allem zeigt sich später oft ein Mangel an Frustrationstoleranz als Nicht-Wartenkönnen und Angewiesenheit auf direkte Bedürfnisbefriedigungen als Ausdruck fortdauernden Lustprinzips. Gedeihstörungen des

Kindes können aber auch Anlaß zu übermäßiger Sorge um die Körpersymptome sein. Damit steuern Mütter ihre Säuglinge bereits in allerfrühester Zeit in psychosomatische Fixierungen. Das Kind erfährt vor allem seiner Krankheiten wegen Beachtung und Fürsorge. Seine psychischen Bedürfnisse werden hingegen außer acht gelassen, weil sich Entwicklungsschritte nach Ansicht dieser Mütter „von selbst" einstellen müssen.

Extrem ungünstige Entwicklungsbedingungen liegen bei abgelehnten Kindern vor, sei es, daß die Ablehnung der Schwangerschaft oder des Geschlechts des Kindes, die Betroffenheit infolge eines Körperschadens oder die Ablehnung der Mutterschaft aus anderen Gründen, beispielsweise aufgrund einer Vergewaltigung, ansteht. Gehäuftes körperliches Mißbehagen der Mutter, Beibehalten ihres Nikotin-, Alkohol- oder Drogenkonsums sowie mißglückte Abtreibungsversuche sind Anzeichen dafür, daß sie die Geburt des Kindes ablehnt. Auch vorehelich, unehelich oder außerehelich Geborene sind, da sie oft als Belastungen der Partnerschaft empfunden werden, mit ähnlichen emotionalen Zurückweisungen konfrontiert. Ferner sind Säuglinge, deren Eltern sich zu scheiden beabsichtigen, von den elterlichen Frustrationen mitbetroffen. Primäre emotionale Defizite der Mutter haben emotionale und körperliche Verkümmerungen des Kindes zur Folge. Neugeborene von Raucherinnen, Alkohol- und Drogenabhängigen sind deutlich unterentwickelt. Ihre wochenlange Pflege im Brutkasten bedingt die weitere emotionale Entfremdung von der Mutter. Ähnliche Entfremdungsschicksale erfahren Neugeborene, die einen Körperschaden oder Krankheiten der Mutter wie Aids oder Syphilis erkennen lassen. Die offene oder versteckte Ablehnung des Säuglings äußert sich in mangelhafter Pflege und Ernährung, durch Nichtbeachten seiner Bedürfnisse und der ihm eigenen biologischen Rhythmen, in gehäuften Unfällen, beispielsweise „ungewollten" Stürzen vom Wickeltisch oder in Vernachlässigungen anderer Art. Diese Kinder zeigen sich Umweltreizen gegenüber gleichgültig und weisen auffällige körperliche und seelische Entwicklungseinbußen bis zu schwersten Hospitalismusschäden auf. Häufige Unruhezustände und psychosomatische Erkrankungen wie Magen-Darmstörungen oder Hautekzeme sind weitere Signale für beeinträchtigte Entwicklungsbedingungen. Die chronisch verwahrlosende oder inkonsequente Einstellung der Umwelt hat chronische emotionale Frustrationen des Kindes zur Folge (Nissen 1976b, 89). Nissen unterscheidet vier mögliche Auswirkungen des psychischen Hospitalismus: relativ aufgeschlossene Kinder, die bei einer oberflächlichen, aber aktiven Kontaktsuche stehenbleiben; resignierend-passive Kinder, die aggressive Protestreaktionen äußern; ängstlich-abweisende Kinder, die bei späteren Zuwendungen jedoch noch ansprechbar sind, und Kinder, die bereits ein chronisch passives Verhalten zeigen, das sie emotional völlig unbeteiligt erscheinen läßt (Nissen 1976c, 76). Mit der emotionalen Verkümmerung gehen häufig erhöhte Angstbereitschaft und Mutlosigkeit, eine große Ablenkbarkeit und allgemeine Störanfälligkeit, eine Spielunlust, narzißtische Rückzüge in die Eigenwelt und destruktive Aggressivität als Zerstörungslust einher (Ammon 1979, 95–159). Ihre Ichschwäche macht sie für spätere negative Fremdeinflüsse und Suchtgefährdungen besonders anfällig. Frühverwahrlosung begünstigt schizoide, d. h. beziehungsgestörte sowie depressive Fehlentwicklungen und kann zum Borderline-Syndrom als späterer Bindungsunfähigkeit Anlaß sein. Rachsucht und kriminelle Karrieren im Erwachsenenalter werden gleicherweise frühkindlich erfahrener Ablehnung zugeschrieben (May 1974, 172). Je länger ein Kind in derart ungünstigen Umweltbedingungen lebt, als desto schwerwiegender müssen die psychophysischen Folgeerscheinungen eingeschätzt werden. Das „Kaspar-Hauser-Syndrom" als Erfahrung der Nichtzugehörigkeit zur menschlichen Gemeinschaft verfestigt sich. Nach der Heimeinweisung eines solchen Kindes löst seine mißtrauische Kontaktabwehr bei vielen Erziehern Frustrationen aus. Man überläßt es dem Sog seiner Eigenwelt, in die es sich immer häufiger im Erleben seiner Selbststimulationen zurückzieht. Diese ziehen sein Interesse immer mehr von der Außenwelt ab, fixieren es auf körpereigene Erfahrungen und vermindern somit seine Lernbereitschaft.

Diese bereits im ersten Lebensjahr möglichen Fehlentwicklungen sind als anbahnende Erlebnisprägungen, aber nicht als unabänderliches Schicksal zu verstehen. Verbessern sich die Lebensbedingungen des Kindes, ist mit Veränderungen seiner emotional-sozialen Einstellungen zu rechnen.

Abb. 6 verdeutlicht psychosoziale Wechselwirkungen bei der Entstehung konstruktiver, gestörter oder destruktiver Aggressivität während der Oralphase. Die gestrichelten Linien zwischen Norm-, Störungs- und Krankheitsbereich bedeuten, daß es im Verlauf der kindlichen Entwicklung Übergänge von einem Bereich zum andern geben kann, beispielsweise bei langfristigen Erkrankungen oder Ausfällen von Müttern bzw. nach der Adoption oder Heimüberweisung eines bisher vernachlässigten Kindes.

	Ausdrucksformen erzieherischer Zuwendung	Kindliche Reaktionen auf Zuwendungsangebote
Norm-bereich	Eltern/Erzieher gehen auf alle Bedürfnisse des Kindes ein und fördern seine Entwicklungsdynamik kindgemäß und differenziert. Mit vielen Entwicklungsanreizen bekräftigen sie sein Interesse an der Umwelt.	Die Aufmerksamkeit des Kindes wird durch personale Zuwendungen und dingliche Angebote geweckt. Sein Interesse an der Umwelt, eine fröhliche Lebensgrundstimmung als Urvertrauen und spontane Antriebsdynamik kennzeichnen sein Verhalten.
Störungs-bereich	Wechselhafte erzieherische Zuwendungen mißachten die körperliche und seelische Anregungsbedürftigkeit des Kindes. Sein Dasein wird als Belastung empfunden. Körperliche Krankheitssymptome erlangen vorrangige Beachtung, seine psychischen Entwicklungsbedürfnisse werden nur selten angesprochen.	Das Kind reagiert mit Gedeihstörungen, Passivität und Apathie. Sein Interesse an der Umwelt äußert sich selektiv-bruchstückhaft. Seine Antriebsdynamik vermindert sich oder zeigt sich in Leerlaufhandlungen (Jaktationen) bzw. in Beeinträchtigungen vegetativer Funktionen mit Verstimmungszuständen.
Krankheits-bereich	Offene oder versteckte Ablehnung des Kindes durch die Eltern/Mutter bedeutet seine zunehmende Gefährdung, weil regelmäßige Fürsorge nicht gewährleistet ist. Früheste Entfremdungen zwischen Bezugspersonen und Kind wirken sich in beidseitigen, tiefen Beziehungsstörungen aus. Offene oder versteckte Kindesmißhandlungen müssen befürchtet werden.	Das Kind ist existentiell extrem gefährdet. Seine körperliche und seelische Entwicklung verkümmert oder stellt sich als rückläufig dar. Kontaktabwehr, depressive Verstimmungen, Verwahrlosungsanzeichen und Rückzüge in narzißtische Befriedigungen bahnen sich an. Spätere Zuwendungsangebote der Umwelt werden aggressiv eingefordert oder destruktiv abgeschlagen.

Abb. 6. Oralphase mit ganzheitlich-vegetativen Reaktionen des Kindes im ersten Lebensjahr

5.2. Die Analphase

Im zweiten und dritten Lebensjahr erweitern sich die Bewegungsmöglichkeiten des Kindes um ein Vielfaches. Der aufrechte Stand erweitert sein Gesichtsfeld, gezieltes Greifen und koordinierte Fortbewegungen erschließen ihm unzählige neuartige Erfahrungen. Indem es sich aus eigenem Antrieb den Gegebenheiten der Umwelt annähert, sie untersucht und ihre Zusammenhänge zu begreifen sucht, erlebt es erste Einsichten in Kausalbezüge und sich selbst als Auslöser von Wenn-Dann-Zusammenhängen. Mit seinen Greiferfahrungen speichert es qualitative Merkmale seiner Umwelt. Räumliche und soziale Erinnerungen prägen sich ihm als Grundlagen seines Realitätsbewußtseins ein. Es erlangt räumliches, dingliches und soziales Gedächtnis als Vorstellungsvermögen und baut entsprechende Ordnungskategorien auf. Dabei erfolgt die motorische Integration vieler Einzelhandlungen zu Handlungsketten mit selbstbestimmten Zielsetzungen. Diese ersten kindlichen Intentionen fordern seine planerische und problemlösende Intelligenz heraus, indem das angestrebte Ziel und die dazu erforderlichen Mittel miteinander verknüpft und kombiniert werden. Die schnelle Erweiterung seines Sprachverständnisses und des aktiven Sprachgebrauchs eröffnen ihm das Verstehen, Bewältigen und Speichern von Umwelterfahrungen in bildhaften und verbal-symbolischen Formen. Stimme und Sprache werden als „verlängerter Arm" instrumentell zum Beeinflussen der Umwelt und als Handlungsersatz eingesetzt. Mit seinem selbstintendierten Handeln bildet sich die Erfahrung von „Ich" und „Mein" aus. Eigene Wünsche und Absichten bringen das Kind jedoch in Konflikte mit anderen. Der kindliche Selbstbehauptungswille trifft auf Widerstände und steigert sich im Widerstreit. Seinem naiven Expansionsdrang entgegenstehende Einschränkungen werden mit Wut, Trotz und aggressiven Akten beantwortet. Seine Bezugspersonen müssen seinen Expansionswünschen Grenzen setzen, wo es sich selbst und anderen schaden kann. Das lebenslange Problem der Selbstbehauptung oder Anpassung an soziale Erwartungen nimmt hier seinen Ausgang. Viele Kinder entdecken in dieser Entwicklungsphase, wie sie ihren Eigenwillen durchsetzen und andere zum Nachgeben zwingen können, und erproben die ihnen verfügbaren Fähigkeiten wie Trotz, Schreien, Weglaufen etc. als Mittel der Selbstdurchsetzung. Erliegen Angehörige diesen Machtkämpfen, lernt das Kind sich durch Erfolgsbestätigungen als Sieger kennen und bekräftigt sich mit seinen strategisch wiederholten Verhaltensweisen, mit denen es andere beeinflussen und manipulieren kann. Beschränkungen seiner Bewegungs- und Handlungsfreiheit, die Gewöhnung an einen geregelten Tagesrhythmus, das Zubettgehen und die Sauberkeitserziehung sind die bevorzugten Konfliktquellen. Häufig sind Eltern/Erzieher von der Heftigkeit kindlicher Widersetzlichkeiten irritiert. Sie sollten jedoch nicht als

Verstocktheit oder Bosheit gedeutet werden, sondern als selbstbestätigende Ausdrucksformen. Im Dilemma zwischen elterlichen Anpassungserwartungen und Selbstdurchsetzungswünschen erlebt sich das Kind unentschieden und benötigt Erklärungshilfen, warum es sich dem Anpassungsdruck fügen soll. Gerade das antriebsstarke Kind sieht sich in seinen Autonomiewünschen eingeschränkt, wenn seine Absichten durchkreuzt werden. Sein Problem ist, daß es sich einerseits von seinen Bezugspersonen abhängig weiß, andererseits aber als eigenständiges Ich gelten möchte, das beachtet und respektiert sein will. Dieses erste Bemühen um die eigene Personalisation ist entwicklungsnotwendig, um sich aus der frühkindlich-engen Mutterbindung zu lösen und Vertrauen in die eigene Leistungsfähigkeit zu gewinnen. Ihm sein Autonomiebedürfnis zu erhalten, ist daher ein wichtiges erzieherisches Anliegen, denn ohne seinen Selbstbehauptungswillen wäre es in seinem späteren Dasein lebensunfähig. Verständnisvolle Eltern werden bemüht sein, ihm diese Selbstachtung zu stärken, indem sie von vornherein Gefahrenquellen verringern und dem Kind begründete und überzeugende Verhaltensregeln geben, die auch für sie selbst verbindlich sind. Es empfiehlt sich, dem Kind diese Grenzsetzungen in entspannten Situationen mitzuteilen, damit sie nicht als Strafen, Bedrohungen oder Willkür empfunden werden. Die Gewöhnung an einen geregelten Tagesablauf setzt elterliche Selbstdisziplin voraus. Rhythmische bzw. zyklisch sich wiederholende Zeiterfahrungen im Tages- und Wochenverlauf vermitteln dem Kind zeitliche Ordnungskategorien als haltgebende Schwerpunkte im Strom der Zeit. Die Dreidimensionalität menschlichen Erlebens nach vergangenen, gegenwärtigen und künftig zu erwartenden Ereignissen wird ihm so allmählich bewußt. Daß das Einhalten von Zeitabsprachen eine soziale Anpassungsleistung bedeutet, lernt das Kind ohne Mühe, wenn seine Bezugspersonen an Zeitabsprachen sich zu halten gewöhnt sind. Die zunehmende Sicherheit hinsichtlich seiner zeitlichen, räumlichen und sozialen Lebensbedingungen vermittelt dem Kind eine gewisse Vorhersehbarkeit und Vorausplanbarkeit von Ereignissen. Die Sauberkeitserziehung, d. h. die Gewöhnung des Kindes an beherrschte Blasen- und Darmentleerungen, setzt die Reifung der mit diesen Körperfunktionen befaßten Nervenbahnen voraus. Eine vorzeitige Sauberkeitsgewöhnung läßt daher Ehrgeiz oder Bequemlichkeit der Eltern, vor allem der Mutter, erkennen. Die häufig zu frühe Erwartung ehrgeiziger Mütter, daß das Kind möglichst bald sauber sei, kann sowohl Stuhlverhaltungen (Obstipation) als auch dem unkontrollierten Einnässen oder Einkoten nachts oder tagsüber

(Enuresis/Enkopresis nocturna vel diurna) Vorschub leisten. Denn das Kind fühlt sich in seinem biologischen Rhythmus und seiner Selbstregulierung gestört und entdeckt in diesen verfrühten Erwartungen eine Überforderung durch seine Bezugspersonen, der es mit halbbewußten oder unbewußten Reaktionen zu begegnen sucht. Es lernt, daß es mit seinen Ausscheidungen positive oder negative Reaktionen hervorrufen kann. Verständnisvolle Eltern werden daher die Sauberkeitsgewöhnung von der körperlichen Reifung des Kindes abhängig machen und ihm Zeit lassen, sich seinem eigenen biologischen Reifungsprozeß anzupassen.

Im zunehmend deutlicheren Realitätsbezug des Kindes gewinnt der Vater nun eine besondere Bedeutung. Bei seinen stärker objektgerichteten Interessen, die der Entdeckerfreude und dem Bewegungsdrang des Kindes entgegenkommen, lernt es, die Widerstände der Objektwelt zu erkennen und sinnvoll damit umzugehen.

Vom Lebensbeginn an können Störungen oder Fehlentwicklungen die kindliche Antriebsdynamik beeinträchtigen. Aber auch in jeder späteren Entwicklungsphase können, bedingt durch konstitutionelle Belastungen des Kindes oder Probleme in seiner Umwelt, Hemmnisse seiner psychosozialen Entwicklung eintreten. Je früher diese Entwicklungsblockierungen in Erscheinung treten, als desto geringer wird später die psychische Belastbarkeit des Kindes einzuschätzen sein und desto größer ist seine Anfälligkeit für Versagenszustände und Regressionen in Belastungssituationen. Spätere Beeinträchtigungen der kindlichen Antriebsdynamik zeitigen vor allem partielle Fehlsteuerungen und Gehemmtheiten. Neben der kindlichen Entwicklungsgeschichte und der Familienanamnese sind demnach auch der Zeitpunkt beginnender Verhaltensauffälligkeiten und der Komplex auslösender Faktoren zu befragen, die ursächlich an der Entstehung der Störungen beteiligt sein können.

Der Grundkonflikt der Analphase stellt sich in vielen Familien so dar: Das Kind hat sofort den alles bestimmenden Erwartungen der Eltern zu entsprechen, soll sich aber draußen unter seinen Spielgefährten behaupten und durchsetzen. Diese Zwiespältigkeit hat zur Folge, daß das Kind sich auf gegenläufige Verhaltensweisen drinnen und draußen einstellen muß. Seine strikte Unterwerfung unter den Elternwillen zerstört das kindliche Selbstbewußtsein. Wie soll es draußen in Anforderungssituationen darüber verfügen können? Ein solches Kind zeigt sich unter Gleichaltrigen oft als scheu, ängstlich und geht Auseinandersetzungen aus dem Wege. Nicht selten wird es von stärkeren Kindern gehänselt und ausgebeutet. Die Unterwerfung des kindlichen Eigenwillens verhindert die Trotzphase und damit gleicherweise die Verselbständigung des Kindes. Gewaltsame Unterwerfung bricht die Eigenkräfte, die das Kind zur Daseinsbewältigung dringend braucht (Stierlin 1969, 130 – 134). Seine „gelernte“ Hilflosigkeit ruft wiederum die vermehrte Fürsorge der Eltern/ Mutter auf den Plan. Seine Fixierungen werden mit dem Preis weitreichender Abhängigkeiten erkauft. Besonders Einzelkinder sind von diesen Fehlentwicklungen, die häufig mit einer Prinzenrolle, Altklugheit und Überempfindlichkeit einhergehen, bedroht, weil die Eltern keine Maßstäbe für die rechtzeitige Verselbständigung des Kindes kennen. Autoritär gesetzte Einschränkungen und Verbote vernichten vertrauensvolle Beziehungen zwischen Eltern und Kind. Unterwerfung hat die erzwungene Scheinanpassung an ihre Vorstellungen oder ihre Willkür zur Folge. Derartige Einengungen bewirken, daß das Kind sein Ichwerden als schuldhaft betrachten lernt, Selbständigkeit nicht zu erlangen wagt und sich auch später gefügig den Meinungen anderer unterwirft. Die im Elternwillen repräsentierte Übermacht gesellschaftlicher Erwartungen führt zum Verlust seiner Spontaneität. Unter anderen Kindern erweist es sich als gehemmt, nicht äußerungs- und durchsetzungsfähig. Es ist ihm auch nicht möglich, phantasievoll zu spielen, weil ihm weder die innere Freiheit noch altersgemäße Anpassungsfähigkeit, weder Konzentration noch Vorstellungsvermögen zur Verfügung stehen. Weil ihm Autonomie nicht zugestanden wird, glaubt es nicht an seine Fähigkeiten.

Die mit solchen Einengungen häufig einhergehenden Beschämungspraktiken entmutigen das Kind noch mehr. Zugleich zwingen solche Eltern das Kind zu möglichst früh vorzeigbaren Fähigkeiten. Es lernt, daß es nur mit ständigen Höchstleistungen seine Existenzberechtigung nachweisen kann. Je häufiger das Kind im Umgang mit Erwachsenen Niederlagen erlebt, desto tiefer setzen sich Angst, Wehrlosigkeit und ohnmächtige Wut in ihm fest. Zusammenhänge zwischen einer mit Ängsten operierenden Erziehung und emotionaler Störanfälligkeit des Kindes sind offensichtlich (Kornadt/Wirsing 1976, 87). Aus Angst vor elterlichem Liebesverlust gerät es in einen überfordernden Dauerstreß mit Schlafstörungen und vegetativen Beeinträchtigungen. Sie können sich als Angst- oder Zwangssymptomatik, als psychosomatische Erkrankungen und in den Körperbereich verdrängte Aggressionen, als Störungen der Harn- und Darmentleerung, als motorische Entladungen wie Unruhe, Tics, Jaktationen, Nägelkauen, Haarausreißen, Weglaufen und Streunen äußern. Dauerproteste als generelle Ablehnung aller Zumutungen von außen oder Resignation bei kleinsten Anforderungen können dem Kind gleichfalls als Auswege dienen. Elterliche Dominanzwünsche erweisen sich oft überlange als einengende Fixierungen, so daß spätere menschliche Beziehungen mißlingen, weil die rechtzeitige Ichfindung während der Analphase versagt wurde. Machtorientierte familiäre Verhaltensstile können sich jedoch auch umkehren: Das bislang unterdrückte Kind erlebt seine Eltern eines Tages als schwach, stimmungslabil und leicht beeinflußbar. Es sieht sich gezwungen, die familiäre Situation selbst zu steuern. Die daraus erwachsende seelische Frühreife muß gleichfalls als Mangelzustand bezeichnet werden, denn das Kind vermißt den haltgebenden elterlichen Beistand. Statt dessen werden ihm Entwicklungssprünge zugemutet, zu denen ihm die emotionalen Grundlagen fehlen. Das frühreife Kind sucht bald Situationsbeherrschung an allen Orten zu erlangen. Seine wuchernde Antriebsdynamik und sein Mangel an echter Anpassungsfähigkeit lassen es jedoch schnell in Konflikte geraten oder bei Widerständen irritiert reagieren. Möglicherweise lernt es, zwischenmenschliche Beziehungen vor allem unter den Vorzeichen persönlicher Überlegenheit und Macht einzugehen. Chronifizierte Trotz- und Oppositionshaltungen bedeuten in diesem Zusammenhang, daß sich das Kind im Widerstreit seiner Zu- und Abneigungen des strategischen Mittels scheinbarer Überlegenheit bedient. Fehlentwicklungen der Aggressionsdynamik während der Analphase äußern sich somit in den beiden Formen gehemmter und/oder wuchernder Aggressivität, wobei eine dieser Verhaltensformen vorrangig sein kann oder beide im Wechsel einander ablösen können. Die Regulierung der kindlichen Antriebs- und Aggressionsdynamik ist demnach das wichtigste erzieherische Anliegen.

Die Dissozialität, Verwahrlosung und Asozialität eines Kindes kann mehrere Ursachen haben. Eltern können ihm völlige Gleichgültigkeit zeigen, so daß es ohne Halt und Ziel sich selbst überlassen bleibt. Eine extrem harte Erziehungspraxis bedeutet demgegenüber, daß ihm zumindest noch elterliche Leitvorstellungen entgegengebracht werden. Elterliche Ambivalenzkonflikte treten vor allem als widersprüchliches Schwanken zwischen erzieherischer Härte und Inseln der Verwöhnung in Erscheinung, wobei es dem Kind unerklärlich bleibt, warum es plötzlichen Stimmungsumschwüngen mit gegensätzlichen elterlichen Verhaltensweisen ausgesetzt ist. Härte, Ablehnung und Gleichgültigkeit der Eltern bekunden die offene oder versteckte Ablehnung seines Daseins oder Soseins und verweisen es immer tiefer in Ängste und Mißtrauen. In seiner Passivität fordert es manchen zu sadistischen Reizungen seiner Wehrlosigkeit bzw. zu körperlichen und seelischen Kindesmißhandlungen heraus. Diese sind nicht immer mit äußerer Verwahrlosung verknüpft, sie können jedoch auch zusammen mit Anzeichen körperlicher und seelischer Vernachlässigung auftreten. Abgelehnte Kinder sind besonders häufig Mißhandlungen ausgesetzt. Meist sind es Väter, die in der eigenen Wohnumwelt ihr Kind mißhandeln und es jahrelang gewohnheitsmäßig tun, weil sie von niemandem zur Rechenschaft gezogen werden (Harbauer 1976b, 426–427). Die erlebte Härte der Eltern wird in dieser Entwicklungsphase auch auf die Umwelt ausgedehnt, die vom Kind gleichfalls als gefahrvoll, unberechenbar und ängstigend erlebt wird. Es sucht in einer Eigenwelt Zuflucht, die mit gleichbleibenden Aktivitäten wie Schaukeln, Lutschen, genitalen Spielereien, Kotschmieren etc. dem Kind lustbetonte Aktivitäten bietet. In dieser Eigenwelt schafft es sich einen Realitätsersatz zur Selbstabschirmung vor der Umwelt. Fehlende emotionale Resonanz, Bindungsschwäche, Vorherrschen des Lustprinzips als Angewiesenheit auf direkte Bedürfnisbefriedigung und Pseudodebilität können die äußeren Anzeichen dieser Realitätsflucht sein. Da es wegen seiner Bindungslosigkeit Triebverzicht nicht erlernen konnte, bleibt das Kind dem Lustprinzip verhaftet, das ihm später als Frustrationsintoleranz anspruchsvollere Leistungen unmöglich macht. Seine Antriebsdynamik entlädt sich mit sadistisch-destruktiven Impulsen gegen andere, vor allem gegen jüngere Kinder und Tiere, gegen fremdes Eigentum oder mit Selbstverletzungen gegen die eigene Person. Sobald sich sein Aktionskreis erweitert, führen seine destruktiven Aktivitäten zu Konflikten mit sozialen Normen. Dissozialität als gehäufte Verstöße gegen soziale Normen und Verwahrlosung als abnorme Persönlichkeitsentwicklung oder Schwererziehbarkeit werden dem Kind sodann als Merkmale zuerkannt, die seine Überweisung in die Fremd- oder Heimerziehung erforderlich machen (Nissen 1976b, 83–90). Frühere Erniedrigungen und Negativerfahrungen sowie mißtrauische Kontaktabwehr haben das Kind jedoch schon geprägt. Daher steht es Bindungsangeboten ablehnend gegenüber und erprobt die Belastungsfähigkeit seiner Erzieher aufs äußerste. Infolge seiner Beschämung und Stigmatisierung, daß es öffentlicher Erziehungsmaßnahmen bedarf, verstärken sich seine negative Selbsteinschätzung und seine Außenseiterposition, so daß ihm durch Negativzuschreibungen weiteres destruktives Verhalten nahegelegt wird. Sein Abschieben von Heim zu Heim oder von einem Pflegeplatz zum anderen ist häufige Folge dieses Teufelskreises.

Abb. 7 verdeutlicht die mögliche Entfaltung oder Fehlentwicklung der Antriebs- und Aggressionsdynamik während der Analphase.

	Ausdrucksformen erzieherischer Zuwendung	Kindliche Reaktionen auf Zuwendungsangebote
Normbereich	Die Eltern/Erzieher stellen sich auf die Bewegungs- und Handlungsbedürfnisse des Kindes ein. Sie unterstützen seinen Spracherwerb und sein Autonomiestreben. Sauberkeitserziehung, Grenzsetzungen und Verbote werden in kindgemäßen Formen vermittelt. Bei Konflikten verhalten sich die Eltern ruhig und mit erklärenden Hilfen.	Das Kind fühlt sich in seinen Grundbedürfnissen verstanden. Es entwickelt ein positives Selbstbewußtsein und Selbstwertgefühl, indem es lernt, seine Fähigkeiten zu erproben und sich von anderen Personen abzugrenzen. Da ihm viel Bewegungs- und Handlungsspielraum zur Verfügung steht, ist es bereit, sich den Wünschen und Erwartungen anderer anzupassen.
Störungsbereich	Autoritäre Unterwerfungspraktiken oder Ehrgeizhaltungen der Eltern/Erzieher durchkreuzen die kindliche Entwicklungsdynamik. Sie wollen Entwicklungsfortschritte beschleunigen und engen mit ihren Erfolgserwartungen das Kind ein. Häufiges Strafverhalten oder übermäßige Verwöhnung machen das Kind unselbständig, zerstören sein Selbstvertrauen oder bewirken seine Frühreife.	Der kindliche Eigenwille wird gewaltsam gebrochen. Selbstbewußtsein und eigene Wunschäußerungen werden als schuldhaft erlebt. Scheinanpassungen des Kindes an die Übermacht der Erwachsenen sind die Folgen. Seine Ohnmachtsgefühle zeigen sich in Verhaltensstörungen oder in psychosomatischen Beeinträchtigungen. Andererseits entwickelt es Strategien, die ihm eine dauerhafte Situationsbeherrschung sichern.
Krankheitsbereich	Widersprüchliche, ablehnende oder extrem harte Erziehungspraktiken zerstören das Vertrauen des Kindes zu seinen Bezugspersonen und zu sich selbst. Das elterliche Erziehungsversagen tritt als Frühverwahrlosung des Kindes in Erscheinung. Seine Fremderziehung wird notwendig, die Rückkehr des Kindes in seine Herkunftsfamilie muß abgelehnt werden.	Das Kind sieht sich feindseliger Ablehnung ausgesetzt. Seine Zuflucht findet es in einer Eigenwelt, die seine Energien von der realen Umwelt abzieht. Der kindliche Negativismus belastet seine Entwicklung weitgehend. Späteren Bindungsangeboten steht es mißtrauisch und ablehnend gegenüber. Sachbeschädigungen und selbstschädigendes Verhalten treten gehäuft auf.

Abb. 7. Analphase mit konstruktivem, gestörtem oder zerstörerischem Zielerreichungsverhalten des Kindes im zweiten/dritten Lebensjahr

5.3. *Die geltungsstrebige Phase*

Etwa vom vierten Lebensjahr an hat das Kind so viel Eigenständigkeit erworben, daß es ohne allzu große Trennungsängste die Abwesenheit der Mutter einige Stunden ertragen kann. Essen, Hygienemaßnahmen, Anziehen und einfache Tätigkeiten wie Tischdecken, Aufräumen, Blumengießen etc. vermag es jetzt ohne fremde Hilfe auszuführen. Mit eigenständigen und nachgeahmten Tätigkeiten tritt es in das „Stadium der kritischen Realitätsprüfung“ ein (Nissen 1976a, 15–16) und erfährt dadurch eine Korrektur seiner kleinkindhaften Allmachtsgefühle. Phantasierte Wunschvorstellungen, die ihm herausragende Eigenschaften und Stellungen vorspiegeln, bleiben jedoch bis ins Schulalter erhalten und stellen oft die Ursache von Konfabulationen oder nicht realitätsentsprechender Berichte dar. Sie sollten dem Kind nicht als Lügen angelastet werden, weil ihm die Trennung von Wunschvorstellungen, phantastischen Deutungen und realitätsgemäßen Darstellungen noch eine Zeitlang unsicher bleibt. Eltern/Erzieher sollten bei Konfabulationen vielmehr Realitätsnachweise vornehmen, um ihm die Kluft zwischen erwünschten, vorgestellten und tatsächlichen Ereignissen zu verdeutlichen. Im jetzt anstehenden Kindergartenalter knüpft es multipersonale Beziehungen mit Personen aus der Verwandtschaft, der Nachbarschaft und mit Freunden im Kindergarten. Indem es mehrere Rollen ausfüllt – als Kind seiner Eltern, als Enkel, als Geschwister, als Freund und als Rivale unter Gleichaltrigen – lernt es, sich auf die Eigenarten und den Sprachstil des Gegenübers einzustellen, und erweitert dadurch seine Verhaltensmöglichkeiten. Dabei erlebt es, daß man nicht gegenüber jedermann gleiches Verhalten zeigen kann. Je nach Verhaltenserwartungen und Situation verwendet es demnach andere Sprach- und Umgangsformen. Diese Sensibilisierung des Kindes für unterschiedliche Verhaltenserwartungen bedeutet die Voraussetzung für Verhaltensvielfalt, die ihm soziale Anpassungsfähigkeit und situationsentsprechendes Handeln erleichtert. Das Kind erlebt, daß es sich im menschlichen Zusammenleben behaupten und durchsetzen muß. Es lernt, Rangordnungen nach Alter, Aussehen und Beliebtheit, Kraft und Intelligenz zu unterscheiden und sich selbst eine Position in verschiedenartigen Beziehungsfeldern zu sichern. Ein Kernkonflikt dieses Lebensalters betrifft seine Wünsche nach Selbstdurchsetzung in unterschiedlichen Gruppen. Diese Herausforderung kann das ichstarke Kind bewältigen, ohne bei Zurückweisungen zu resignieren. Es kann sich die Rechte anderer vergegenwärtigen unter der

Bedingung,daß seine eigenen Ansprüche gleichfalls befriedigt werden, und kann letztere zeitweilig auch zurückstellen. Damit hat sich seine Antriebsdynamik über den familiären Rahmen hinaus sozialisiert und sein Vertrauen in die Selbstregulierungskraft seiner Bezugsgruppen gefestigt. Sein Status im Rahmen der Gruppe vermittelt ihm Anerkennung, die seine Selbsteinschätzung stärkt. In diesem Alter sollten Kinder lernen, ihre Konflikte selbst zu lösen. Eltern/Erziehern kommt lediglich die Aufgabe zu, Probleme sprachlich zu verdeutlichen. Bei eigenständiger Suche nach Konfliktlösungen lernen Kinder, gemeinsam beschlossene Übereinkünfte zu achten. Anpassungsschwierigkeiten des Kindes lassen sich in diesem Alter im Spiel darstellen und spielend vermindern. Die im Spiel geäußerten Übertreibungen mögen Eltern/Erzieher erschrecken. Sie spiegeln jedoch nur die gefühlsmäßige Anteilnahme des Kindes am Leben seiner Umwelt wider. Die im Spiel oft auftretenden Aggressions- und Destruktionsneigungen sind Ausdruck kindlicher Alles- oder Nichts-Entscheidungen oder seiner Entdeckungslust.

Als individualisierendes Moment erweist sich das immer genauere Bewußtsein, ein Junge oder ein Mädchen zu sein. Die Bejahung seiner Geschlechtszugehörigkeit bekräftigt dem Kind ein positives Selbstverständnis. Mit der Entdeckung des eigenen Körpers und seiner Organfunktionen stellen sich Vergleiche und Rivalitäten zwischen Jungen und Mädchen ein. Imponiergehabe mit unterschiedlichen Mitteln tritt auf beiden Seiten zutage. Im Vorgriff auf männliches Rollenverhalten wird Jungen direktes körperliches Ausagieren eher zugestanden als Mädchen, denen Demonstrationsgehabe und provokative Selbstdarstellungen zugebilligt werden. Geschlechtsspezifische Unterscheidungen lernen Kinder auch durch elterliche Strafpraktiken kennen: Während Jungen häufiger körperlich bestraft werden, erfolgen Strafen bei Mädchen vorwiegend durch Liebesentzug (Bayley/Schaefer 1976, 77).

Die Identifikation mit dem gleichgeschlechtlichen und die besondere Zuneigung zum gegengeschlechtlichen Elternteil veranlassen das Kind, sich mit Norm- und Wertvorstellungen beider Eltern zu befassen. Die normative Übereinstimmung erfolgt vor allem durch Nachahmung des Elternverhaltens (Irskens u. a. 1980, 55–58). Einstellungen und Verhaltensmuster beider Eltern werden übernommen und prägen die kindlichen Normvorstellungen als Vorstufe seiner Gewissensbildung. Ähnliche Identifikationsmöglichkeiten ergeben sich bei männlichen und weiblichen Erziehern. Die Überich-Entwicklung kommt vor dem Schuleintritt zum Abschluß. Das Kind vermag nun, normative Vorstellungen und somit eine gewisse Zuverlässigkeit auch in fremder Umgebung beizubehalten. Gleichzeitig werden ihm Widersprüchlichkeiten des Eltern- und Erzieherverhaltens bewußt, die es u. U. zu seinen Gunsten auszunutzen lernt. Im Widerspruch und Widerstand zu elterlichen Erwartungen werden ihm die Zwiespältigkeiten mitmenschlicher Beziehungen zunehmend deutlicher.

Das frühkindlich gestörte Kind erweist sich im Kindergartenalter in allen altersgemäßen Fähigkeiten als verlangsamt oder unfähig. Weil es keine zuverlässige Mutterbeziehung erfahren konnte, erlebt es den Eintritt in den Kindergarten wie einen Schock. Übermäßige Trennungsängste eines Kindes deuten auf eine unbefriedigende Mutter-Kind-Beziehung während der frühen Kindheit hin. Eine ungefestigte Beziehung läßt keine zeitweilige Trennung zu. Seine fiktiven oder realen Ängste vor dem Verlassenwerden haben zur Folge, daß ein solches Kind weder spielen noch lernen kann, weil ihm die mütterliche Zuverlässigkeit unsicher scheint und sein eigenes Selbstverständnis extrem schwach ausgebildet ist. Ähnliche Ängste zeigen verwöhnte Kinder. Ihre symbiotischen Beziehungen zur Mutter werden häufig durch psychosomatische Beeinträchtigungen so verfestigt, daß sie sich in einer Gruppe noch nicht sozialisieren können. Der Eintritt in die Spielgruppe wird verweigert oder wie in der Familie mit der Aufrechterhaltung der kindlichen Mittelpunktstellung beantwortet. Diese vor allem bei behinderten, kranken, gestörten oder ausländischen Kindern zu beobachtenden Ängste schränken ihre Entwicklung zusätzlich ein und lassen sie in vielen Fällen als „pseudodebil“ erscheinen. Vernachlässigte, verwöhnte wie auch übermäßig ängstliche Kinder übertragen nach einer gewissen Eingewöhnungszeit ihre Anklammerungswünsche oft auf die Erzieher, ohne eine altersgemäße Distanz erkennen zu lassen. Dieses Anklammern ist eher als Nötigung eines Erwachsenen und weniger als Beziehungswunsch auf seiten des Kindes zu betrachten. Integration in die Kindergruppe gelingt erst, wenn seine Anpassungsbereitschaft in Kleingruppen geweckt und geübt wurde. Vielfältige Störungen ergeben sich in einer Kindergruppe durch Kinder mit noch ungefestigtem Selbstverständnis. Sie glauben nicht, daß sie durch freundlichen Umgang Anerkennung finden können, sondern setzen Imponiergehabe mit verbalen oder tätlichen Provokationen, Sach- und Körperbeschädigungen, Clownerien, Schmeicheln, Lügen, Streunen oder Stehlen ein, um auf sich aufmerksam zu machen und sich die Aufmerksamkeit Erwachsener wenigstens durch strafende Zuwendung zu sichern. Aggressiven Provokationen liegt oft der Wunsch zugrunde, am Dasein des Gegenübers teilhaben zu können. Diesem Bedürfnis entspricht die Erfahrung, daß viele Erwachsene sich nur durch Störverhalten aus der Reserve locken lassen. Neben direkten Aggressionen werden auch indirekte wie Einschmeicheln, Sticheleien, Anschwärzen oder Schadenfreude eingesetzt. Diese versteckt-hinterhältigen Aggressionsformen setzen eine differenzierte Beobachtungs- und Ausdrucksfähigkeit voraus und sind meist sprachgebunden (Nissen 1976a, 34). Psychosomatische Erkrankungen und Organneurosen müssen als nach außen nicht zugelassene und gegen den eigenen Körper gerichtete Aggressionsdynamik verstanden werden. Andere Aggressionsformen äußern sich als Rückzug, als Regressionen auf ein bereits überwundenes Entwicklungsniveau, beispielsweise als Tagträumen, Passivität, Daumenlutschen, Nägelbeißen, Haarausreißen, Stottern, Mutismus, Einnässen oder Einkoten. Die besondere Gefährdung des aggressiv gehemmten Kindes liegt darin, daß es bei nichtigen Anlässen zu scheinbar unmotivierten aggressiven Durchbrüchen seines Affektstaus neigt. Für die insgesamt gestörte Antriebsdynamik ist charakteristisch, daß bei wechselndem Verhaltensstil zwischen Ausagieren und Rückzug Anpassungsbereitschaft an soziale Gegebenheiten fehlt, daß dieser Mangel mit erhöhter motorischer Unruhe in Form von Leerlaufhandlungen einhergeht und mit teils überschießender, teils regressiver oder selbstschädigender Aggressivität kombiniert wird. Magisch-phantastische Ängste werden dabei als Folgen unzureichender Bindungsangebote während der frühen Kindheit überlange beibehalten. Auf seiten der Eltern herrscht oft gleichfalls affektive Labilität vor, die sich in Stimmungsschwankungen, Unstetheit, Hektik und einem wechselnden Erziehungsstil zwischen Härte und Verwöhnung zeigt. Die Unbeherrschtheiten bei Eltern und Kind führen dahin, daß bereits bestehende Verhaltensstörungen beim Kind durch unangemessene Elternvorbilder zusätzlich erschwert werden. Negative Elternvorbilder werden sofort und/oder erst später nachgeahmt, weil sie sich dem Kind am intensivsten und häufigsten einprägen. Seine Identifikationswünsche finden bei launischen und unbeherrschten Eltern jedoch keinen Halt. Als Folgen mangelnder elterlicher Verläßlichkeit bestimmen Enttäuschungen das Eltern-Kind-Verhältnis. Primäre Beziehungsdefizite bewirken gedankliche Fixierungen an die wenigen Zuwendungen, die ein solches Kind erfahren konnte, und ständige Hoffnungen auf befriedigende Beziehungen, die jedoch Illusion bleiben. Die Haltlosigkeit des Kindes stellt sich zuweilen in äußeren Verwahrlosungsanzeichen, vor allem aber in einer ständigen Beziehungssuche dar. Sie schließt auch die Suche nach dem Idealbild eines Vaters / einer Mutter ein, die Illusion bleibt. Gewissensbildung bzw. die Ausprägung der Überich-Instanz können sich unter diesen Umständen nicht entwickeln, weil in beziehungsgestörten Familien Normen und prosoziale Einstellungen nur bruchstückhaft erlebt und internalisiert werden können. Mangelhafte Gewissensbildung zeigt sich vor allem darin, daß direkte narzißtische Befriedigungen als Beibehalten des Lustprinzips vor Realitätsansprüchen Vorrang behalten. Die Sozialisation des Kindes erfolgt somit nicht nach ideellen Leitzielen und Leitbildern, sondern subjektiv bedürfnisorientiert und nach elterlicher Willkür. Innere Selbständigkeit und Autonomie, Selbstkontrolle und Bedürfnisaufschub zugunsten längerfristiger Ziele sind fast unerreichbare Ziele.

Da das elterliche Verhalten weitgehend von bewußt- unbewußten Tendenzen zur Dominanz und Kontrolle des Kindes bestimmt ist, bleiben multipersonale Beziehungen von vornherein eingeschränkt. Das verarmte Verhaltensrepertoire eines gestörten Kindes hat hier eine weitere Ursache. Zwei relativ überdauernde kindliche Verhaltensformen bilden sich bereits vor dem Schuleintritt aus: Extravertierte Kinder mit wuchernder Antriebsdynamik, gesteigerten Expansionsbedürfnissen und Geltungswünschen wachsen neben gehemmten Kindern auf, deren Antriebsdynamik erloschen scheint, die kaum Bedürfnisse aussprechen und sich am liebsten auf sich selbst zurückziehen. Die erlebte Wertung der Geschlechtszugehörigkeit kann verstärkend oder hemmend dazu beitragen. Als Junge kann das Kind frühzeitig auf „männliche" Überlegenheit aggressions- und dominanzorientiert bekräftigt werden und elterliches Machtstreben als erstrebenswert einschätzen lernen. Demgegenüber kann auch Kastrationsangst als Angst vor dem Überwältigtwerden durch Stärkere in Erscheinung treten. Bei Mädchen hat die vielfach noch unterbewertete Geschlechtszugehörigkeit möglicherweise einen lebenslangen Kampf um soziale und geschlechtliche Anerkennung zur Folge. Das dem „Penisneid" (Nissen 1976a, 15) zuzurechnende Unterlegenheitsempfinden kann so weitgehend verhaltensbestimmend werden, daß dem Mädchen das weibliche Geschlecht insgesamt als ablehnenswert erscheint, von dem es sich durch möglichst viele „männliche" Verhaltensweisen zu distanzieren sucht. In diesen von Adler als „männlicher Protest" bezeichneten Rangordnungskämpfen kann sich die Ablehnung der eigenen Geschlechtszugehörigkeit anbahnen. Die Beeinflußbarkeit der kindlichen Psyche und ihr naives Machtstreben machen sie für aggressive Leitbilder besonders anfällig. Ihr Einfluß auf die kindliche Entwicklung muß als gefährdend eingeschätzt werden, weil sie den Eindruck vermitteln, als bestünde menschliches Zusammenleben nur aus Rangordnungskämpfen mit den alleinigen Alternativen Sieg oder Niederlage. Diese Sicht macht das Kind von den wechselhaften Reaktionen der Umwelt übermäßig abhängig. Anstelle seiner Eltern identifiziert es sich, bedingt durch den Medienkonsum, häufig auch mit außerfamiliären Leitbildern. Durch frühzeitige Identifikationen mit Stars, Video- und Fernsehhelden erlangt sein Geltungsstreben zwar Befriedigung, sie erweisen sich jedoch oft als „Identifikationen mit dem Aggressor" (A. Freud) aus Angst, sich selbst als schwach einschätzen zu müssen oder selbst angegriffen zu werden (Kiener 1978, 1231). Durch Teilhabe am Verhalten und Prestige der Stars wertet sich die kindliche Selbsteinschätzung narzißtisch übersteigert auf. Aggressionssteigernde Wirkungen der Massenmedien werden weniger im Hinblick auf direkte Aggressionsnachahmungen, sondern als langfristige Veränderungen von Ereigniswahrnehmungen diskutiert. Infolge der Reizschutzlosigkeit und der unkritischen Konsumhaltung des Kindes machen sich nervöse und seelische Irritationen erst später durch einen Abbau von Aggressionshemmungen und durch aggressive Gewohnheiten ähnlich denen der Leitbilder bemerkbar. Der aggressiven Reizgeneralisierung folgen aggressive Reizentladungen aus nichtigen Anlässen (Michaelis 1976, 22–82). Die allgemeine Reizbarkeit und Intoleranz in zwischenmenschlichen Beziehungen können als Folgen dieser ungehemmten Aggressionsgewohnheiten, die als alltägliche Rücksichtslosigkeiten zu beobachten sind, eingeschätzt werden.

Die Vorliebe für Comicfiguren als kitschig-vermenschlichte Tierdarstellungen muß in diesem Zusammenhang als Regression auf ein menschenunähnliches Niveau bezeichnet werden. Mit derartigen Surrogaten gelangt das Kind nicht in das Stadium einer kritischen Realitätsprüfung, sondern bleibt auf einem primitiven Vorstellungsniveau fixiert.

Da der Mensch als sozial abhängiges Wesen existentiell der Anerkennung durch andere bedarf, sind abgelehnte Kinder in diesem Entwicklungsstadium besonders gefährdet. Zu ihnen rechnen Kinder, die während ihrer frühesten Entwicklung abgelehnt und vernachlässigt wurden, deren Eltern den kindlichen Entwicklungsbedürfnissen gleichgültig gegenüberstehen, deren Eltern keine zuverlässigen Familienbeziehungen leben, zu Gewaltanwendungen neigen und zu keinen befriedigenden Identifikationen Anlaß geben. Die mit der Ablehnung einhergehende Verlassenheit des Kindes wendet sich zerstörerisch gegen sich selbst oder als Zerstörungswut nach außen. Mit tiefgehenden Selbstwertverlusten geht das Bewußtsein sozialen Ausgeschlossenseins einher. Die erfahrene Ablehnung und generalisierte Wut über elterliche Versäumnisse begünstigen die Wahl negativer Leitbilder, die vortäuschen, daß Macht und Gewalt zu schnellen Erfolgen zu führen scheinen. Wenn es dem Kind nicht gelingt, sich dem verwahrlosenden Elternmilieu zu entziehen, werden dissoziale Prägungen seinen Lebensweg mitbestimmen. Identifikationen mit rüden Modellen engen das kindliche Verhaltensspektrum auf gewalttätige und rüde Umgangsformen ein. Quälsucht vor allem gegenüber Schwächeren und Jüngeren, aber auch Sachbeschädigungen werden zu bevorzugten aggressiven Aktivitäten. Das Unterdrücken anderer und das Verbreiten von Angst werden vom Kind lustvoll als eigener Machtzuwachs empfunden. Unkontrollierte Aggressivität von Erwachsenen wird dabei modellhaft angeeignet und nachgeahmt. Unter Gleichaltrigen wird das Kind zum gefürchteten Außenseiter. Die mit diesen Aggressions- und Destruktionshandlungen verknüpften Überlegenheitsgefühle stellen eine Kompensation der frühkindlich erlebten Kränkungen seines Selbstwertgefühls dar und werden zum Nachweis, daß das Kind sich selbst als Verursacher weitreichender Wirkungen wahrzunehmen lernt. Die so erlebten Selbstbestätigungen steigern sich, weil Hemmungsfaktoren wie Einfühlungsvermögen, Rücksichtnahme und Mitleid von vornherein fehlen bzw. nicht aufgebaut werden konnten. Die Erfolgserlebnisse bei seinen Aggressionen sind Anlaß zur Wiederholung des sadistischen Hochgefühls bis zu Wiederholungszwängen mit immer grausameren Aktivitäten, weil es keine prosozialen Verhaltensformen kennt, durch die es gleichfalls Anerkennung finden könnte. Das Anwachsen krimineller Energien während der frühen Kindheit muß aus zwei Gründen als besonders gefahrvoll bezeichnet werden: Einerseits kennt das Kind keine anderen Möglichkeiten, soziale Anerkennung zu erfahren, zum andern erfährt es durch das verwahrlosende Milieu seiner Eltern desto mehr Beifall, je mehr es sich ihrer eigenen Asozialität annähert.

Eine andere Variante von Gewaltanwendungen im frühen Kindesalter ist die mit Hochgefühlen verknüpfte Unterwerfungslust. Auch der Masochismus stellt eine entwicklungsbedrohende Verhaltenseinengung dar, weil mit der Unterwerfung unter den Peiniger das Bewußtsein persönlicher Würde völlig verlorengeht.

Abb. 8 verdeutlicht die mögliche Entwicklung der kindlichen Antriebsdynamik während der geltungsstrebigen Phase.

	Ausdrucksformen erzieherischer Zuwendung	Kindliche Reaktionen auf Zuwendungsangebote
Normbereich	Die soziale Umwelt wird vielgestaltiger. Neben der Familie tun sich dem Kind neue Lebenswelten in der Verwandtschaft, Nachbarschaft, in Spielgruppen und im Kindergarten auf. Sein Eingewöhnen in verschiedene Bezugsgruppen führt oft zu Konflikten, die jedoch durch Begründungshilfen überwunden werden können. Die Wertschätzung erleichtert die Identifikation des Kindes mit Erwachsenen und die Nachahmung ihres Verhaltens, die wiederum seine Gewissensbildung vorbereiten.	Multipersonale Beziehungen erfordern unterschiedliche Sprach- und Verhaltensstile. Das Kind lernt zahlreiche Reaktionsmöglichkeiten auf die Erwartungen seiner Bezugspersonen kennen. Dadurch gewinnt es soziale Anpassungsfähigkeit und situationsentsprechende Handlungsbereitschaften. Die Einordnung in Bezugsgruppen erfordert Rücksichtnahmen, bietet aber auch Geborgenheit. Durch Nachahmungslernen lebt sich das Kind in die normativen Leitvorstellungen seiner Bezugspersonen ein.
Störungsbereich	Elterliches Ambivalenzverhalten, das durch Härten, Verwöhnung oder häufigen Wechsel zwischen diesen Extremen gekennzeichnet ist, führt zu Beziehungsdefiziten auf beiden Seiten. Affektive Labilität herrscht bei Eltern und Kind vor. Gesellschaftlich präformierte Zielvorstellungen der Eltern ignorieren die kindlichen Entwicklungsbedürfnisse und verhindern die Entfaltung seiner Antriebsdynamik.	Das gestörte Kind vermag die Symbiose mit der Mutter/der Familie nicht aufzugeben. Es versucht, seine Mittelpunktstellung überall beizubehalten, und reagiert mit Provokationen, Regressionen oder Selbstschädigungen auf Frustrationen oder Anforderungen. An seinen labilen Eltern findet es wenig Halt und sucht daher nach anderen Identifikationsmöglichkeiten. Rücksichtnahmen fallen ihm schwer.
Krankheitsbereich	Ablehnung durch die Eltern, die meist selbst randständige Persönlichkeiten sind, führt zu kindlicher Verwahrlosung. Der Teufelskreis asozialer Lebensbedingungen enthält Verstärkungsfaktoren, die die kindliche Haltlosigkeit durch Nachahmung negativer Vorbilder vergrößern. Die elterliche Erziehungsunfähigkeit macht Fremderziehung notwendig.	Unter Wiederholungszwängen ausgeführte Aggressions- und Zerstörungsakte werden zur einzigen Form der Selbstwahrnehmung, die das Kind jedoch immer mehr zum sozialen Außenseiter machen. Seine Identifikationen mit rüden Vorbildern engen das kindliche Verhaltensspektrum auf machtorientierte Umgangsformen ein, die zu sadistischem oder masochistischem Verhalten deformieren können.

Abb. 8. Geltungsstrebige Phase mit konstruktivem, gestörtem oder zerstörerischem Nachahmungsverhalten des Kindes im vierten/fünften Lebensjahr

5.4. Schulalter und Pubertät

Die Entwicklungsmöglichkeiten der Antriebs- und Aggressionsdynamik sollen nun über einen relativ großen Zeitabschnitt, nämlich über das gesamte Schulalter bis zur Pubertät und Adoleszenz erörtert werden. Diese länger als ein Jahrzehnt dauernde Entwicklungsphase zerfällt zwar in deutlich unterscheidbare Abschnitte. Ihr gemeinsames Merkmal besteht jedoch darin, daß außerfamiliäre Beziehungen, vor allem solche zu Gleichaltrigen, jetzt eine besondere Bedeutung gewinnen.

Mit dem Eintritt in die Schullaufbahn hat das Kind das „Stadium der sozialen Einordnung" und wenig später das „Stadium der Neuorientierung" erreicht (Nissen 1976a, 16–18). Seine mitmenschlichen Beziehungen erweitern sich um ein Vielfaches. Viele Eltern und vor allem Mütter stellen fest, daß sie an Einfluß verlieren. Das Kind ordnet sich in unterschiedliche Bezugsgruppen ein. Im Rahmen seiner Klassen- und Schulgemeinschaft übernimmt es immer größere Aufgaben. Mit den Schulpflichten konkurrieren private Neigungen und Interessen sowie fortbestehende Abhängigkeiten von der Familie. Schulbelastungen, Medienkonsum, familiäre und außerfamiliäre Aktivitäten bedingen erhöhte psychische Inanspruchnahmen. So treten in der biologisch stabilen Latenzzeit zwischen dem sechsten Lebensjahr und der Pubertät eine Vielzahl von Verhaltensstörungen und körperlicher Symptome zutage (Harbauer 1976a, 2–11). Etwa vom zehnten Lebensjahr an differenzieren sich die kindliche Emotionalität und Sensibilität. Seine bisherigen Wunsch- und Phantasievorstellungen treten zugunsten einer größeren Ansprechbarkeit für neue Eindrücke zurück. Das Kind sieht sich zwischen unterschiedliche Daseinsmöglichkeiten und Erlebniswelten gestellt. Polarisierungen zwischen bekannt und fremd, jung und alt, männlich und weiblich etc. werden ihm als Erfahrungen bewußter. In dieser Unentschiedenheit zwischen auseinanderstrebenden Existenzweisen ist sein Selbstwertgefühl besonders verletzbar: Erhöhte Stimmungslabilität, Unschlüssigkeit, heftige Reaktionen oder generelle Opposition bei allen Beanspruchungen bestimmen sein Verhalten und müssen als Ängste vor Unbekanntem gedeutet werden. Der großen Reizempfindlichkeit vieler Pubertierender steht die zunehmende Reizüberflutung in der dicht besiedelten und technisierten Umwelt gegenüber. Körperliche und umweltbedingte Irritationen bedingen Anpassungsschwierigkeiten, die als Überkompensationen wie auch regressiv in Erscheinung treten können. Erschwerend wirken sich dabei die Akzeleration und vorzeitige

Geschlechtsreife als körperliche Reifungsverfrühung aus, der keine entsprechende seelische Reifung gegenübersteht. Gleichaltrige werden, weil bei ihnen mehr Gemeinsamkeiten als mit den Eltern vorausgesetzt werden, zu bevorzugten Ansprechpartnern. Mit Altersgleichen wird Konformität in Aussehen, Kleidung, Sprach- und Lebensstil bis zur Uniformierung geübt. Die Suche nach dem altersgleichen Lebensstil bildet eine wichtige Voraussetzung zur Ablösung vom Kindheitsstatus und zur Vorbereitung auf gemeinsame partnerschaftliche und berufliche Lebensaufgaben. Dabei lernt der Jugendliche, unterschiedliche Erwartungen anderer mit verschiedenartigem Rollenverhalten zu beantworten. Jugendgruppen stellen neben Klassengemeinschaften erste Erprobungsfelder dar, auf denen bisherige Vorstellungen und Zukunftserwartungen einer Realitätsprüfung unterzogen werden. Hier erfahren sie einen Deutungs- und Bedeutungswandel im Sinne der Gruppenmeinung. Die Gruppenmeinung wirkt als Filter für die Einstellungen und Bedürfnisse des einzelnen Jugendlichen. Jugendgruppen können qualitativ nach Über-Ich-, Es- oder Ich-Aspekten unterschieden werden (Brocher 1969, 185). Beispiele für Über-Ich-Jugendgruppen wären die Pfadfinder oder religiös orientierte Gruppen. Nach Es-Aspekten gebildete Vereinigungen wären solche, die sich dem gemeinsam erlebten Konsum oder Geschwindigkeitsrausch bzw. dem gleichen Aussehen und Imponiergehabe verschrieben haben. Zu den nach Ich-Aspekten orientierten Gruppen rechnen Zusammenschlüsse mit gemeinsamen Zielsetzungen wie beispielsweise Musizieren, Theaterspielen etc. Letztere bieten außer Organisationsproblemen am wenigsten Anlaß zu erzieherischen Interventionen, weil sie sich Wertrealisierungen zum Ziel setzen, die in sich selbst und in der öffentlichen Einschätzung positive Rückwirkungen auf alle Beteiligten enthalten. Von einiger Problematik können Über-Ich- oder führerzentrierte Gruppen werden, wenn sie strikte Unterordnungs- und Folgezwänge bewirken. Erzieherische Aufmerksamkeit erfordern auch die nach Es-Aspekten sich bildenden Gruppierungen, deren Hauptziele regressive Bedürfnisbefriedigungen sind. Vor allem letztere wehren gruppenleitende Versuche, beispielsweise durch Lehrer, Erzieher oder Eltern, strikt ab. Der Widerstreit äußerer und psychischer Realitäten macht sich in den letztgenannten Gruppen besonders bemerkbar (Brocher 1969, 154–175). Dem Erwartungsdruck von Eltern und Lehrern entziehen sich diese Jugendlichen immer entschiedener, während zweifelhafte Privilegien von Erwachsenen wie Rauchen, Alkoholkonsum, Spiel- und Drogensucht sowie Autofahren mit überhöhter Geschwindigkeit herausfordernd demonstriert werden. Elterliche/erzieherische Leitvorstellungen werden vom Wunsch nach Teilhabe an den Statussymbolen der Erwachsenen überlagert. Dem Drängen der Jugendlichen zum Erwachsenenstatus hin stehen vermehrte Bevormundungen entgegen: Eltern fürchten die unbedachten Folgen der Aktivitäten ihrer Kinder und versuchen, ihre eigenen Dominanzansprüche beizubehalten. In fast allen Familien ergeben sich während dieser Entwicklungsphase Dauerkonflikte aus den vielfach als einengend empfundenen elterlichen Erwartungen einerseits und dem Streben nach psychischer und sozialer Verselbständigung auf seiten der Jugendlichen. Ihr Grundkonflikt besteht darin, familiäre Bindungen bei der Suche nach der eigenen Identität in einem balancierten Gleichgewicht zu erhalten, das jedoch – auch in gesprächsbereiten Familien – ständig verlorenzugehen droht.

Störungen der Antriebs- und Aggressionsdynamik können während des Schulalters, der Pubertät und Adoleszenz mit besonderer Heftigkeit in Erscheinung treten, wenn es Eltern und Kindern nicht gelingt, ein reiferes Niveau wechselseitiger Toleranz und Verständigung zu finden. Blockierungen der Entwicklungsdynamik gehen einerseits von Eltern aus, deren ehrgeizige und starre Leitvorstellungen dem Kind keinerlei Spielraum gewähren oder deren Ängstlichkeit sich als mißtrauische Abwehrhaltung gegenüber den Umweltkontakten und der Eigenständigkeit des Kindes zeigt. Statt dem Kind Mut zu eigenen Entschlüssen und Entscheidungen zu machen, werden konventionelle Verhaltensmuster wie seit eh und je als verbindlich betrachtet. Autoritär agierende Eltern versteigen sich sogar zu der Alternative „Unterordnung oder Beziehungsabbruch". Ihre zwiespältigen Einstellungen zeigen sich in inkonsequentem Pendeln zwischen Härte und Verwöhnung. Latente oder offene elterliche Feindseligkeiten treten vor allem zutage, wenn das Kind / der Jugendliche zum Rivalen oder Verbündeten eines Elternteils wird. Es bleibt nicht aus, daß die elterliche Schwäche so ausgenutzt wird, daß das Kind den größtmöglichen Gewinn daraus zu schlagen versucht. Die Familienbeziehung ist unter diesen Umständen zur Dauermanipulation entartet. Je nach Konstitution, Temperament und Intelligenz stellt sich das Kind vorwiegend regressiv oder aggressiv auf diese Situation ein. Aus Angst vor elterlichem Zuwendungsverlust und dem Zerbrechen des familiären Zusammenhalts kann sich das Kind in permanente Schreckstarre flüchten, die sich in allgemeiner Entmutigung, in Kontaktschwierigkeiten und tiefgehender Lebensangst äußert. Vergleiche mit Altersgefährten, die zuverlässigere Eltern haben, machen ihm die eigene Benachteiligung bewußt. Mit der elterlichen Instabilität erlebt es eine diskontinuierliche Begleitung durch die Schulzeit und eine unzureichende Vorbereitung auf die Zukunft. Dem Mangel an Bestätigungen durch die Eltern entspricht der Verlust der Lern- und Leistungsmotivation. Schulunlust und schulisches Leistungsversagen ziehen Verstimmungszustände und Resignation nach sich. Da schulische Mißerfolge als Kränkungen des Selbstwertgefühls erlebt werden, mindert sich die Selbsteinschätzung des Jugendlichen zunehmend. Er gerät immer mehr in emotionale Verhärtungen und erlebt sich als Außenseiter und Versager. Der doppelte Verlust sozialer Anerkennung, die weder von der Familie gewährt noch vom Jugendlichen selbst aufgebaut werden kann, steigert sich oft noch durch zusätzliche Hänseleien in der Schule oder unter Gleichaltrigen, da mit Schulversagen der soziale Abstieg gleichgesetzt wird. Zur regressiven Problemverarbeitung rechnet auch die gegen den eigenen Körper gerichtete Aggressionsdynamik als Organneurosen, d.h. eine Symptomatik ohne nachweisbaren organischen Befund. Mit autoaggressiv verdrängten Problemen erfolgt einerseits Selbstbestrafung, andererseits jedoch auch Selbstabschirmung, da die Symptome die Schonung und Zuwendung der Erwachsenen sichern. Autoaggressionen können sich bis zu Suicidneigungen und Suicidhandlungen steigern. Die Suicidgefährdung entmutigter Kinder und Jugendlicher muß als extrem hoch eingeschätzt werden. Viele Verhaltensstörungen wie beispielsweise Einnässen, Einkoten, Stottern, Lügen, Stehlen, Vagabundieren, Zündeln etc. zeigen, wenn auch unbewußt, einen Doppelcharakter mit regressiven und aggressiven Bestandteilen. Stellen sie einerseits, wie beispielsweise das Lügen und Vagabundieren, Ausdrucksformen des Ausweichens und Nichtstandhaltens dar, müssen sie andererseits als Verletzungen von Vereinbarungen, Erwartungen und Normen bezeichnet werden. Sie lassen sich als Störungen des Selbstbezugs, wie beispielsweise das Einnässen und Einkoten, als Kommunikationsstörungen beim Stottern, Lügen und Vagabundieren sowie als Schädigungen fremden Lebensraumes wie beim Stehlen und Zündeln kennzeichnen. Entwendungen und Zerstörungen fremden bzw. öffentlichen Eigentums nehmen zu. Der Diebstahl von Luxusgütern wie Autoradios und Luxusartikel in Kaufhäusern besagt, daß die erwünschte Teilhabe an Statussymbolen der Erwachsenen die aktivierende Motivation für diese Übergriffe ist. Diese dem Konsumdruck durch Werbung zuzurechnenden Zugzwänge deuten Identifikationswünsche mit Erwachsenen, deren Überlegenheit und Prestige an. Mit dem Slogan „Ich will alles – und zwar sofort“ ist die utopische Formel der „Überflußgesellschaft", die emotional deprivierte Kinder und Jugendliche durch materielle Überversorgung zufriedenzustellen sucht, zusammengefaßt. Werden die Übergriffe entdeckt, ist dem Jugendlichen eine Außenseiterposition mit Ausschlußreaktionen und negativen Prognosen sicher. Beziehungsstörungen werden durch Externalisierung entschärft.

Ausgesprochen aggressive Ausdrucksformen finden sich in Gruppen und Cliquen, die sich nach Es-Aspekten zusammengeschlossen haben. Die individuell erlebte Ichschwäche wird im Gruppenverband durch herausforderndes Imponiergehabe überspielt. Gruppenidentifikationen bilden sich vor allem in der Opposition zu Erwachsenen, wobei alte Belastungen aus der Kindheit mit Feindbildern und paranoiden Einstellungen gegenüber Eltern, Lehrern, Meistern u. a. wiederbelebt werden. Zweifel an der Gültigkeit dieser tendenziösen Wahrnehmungen werden unterdrückt. Die Identifikation mit dem Allmachtsideal der Gruppe befriedigt vielmehr narzißtische Größenphantasien jedes einzelnen (Brocher 1969, 195). Begünstigt wird die Zunahme identifikativer Aggressivität durch lange Schul- und Ausbildungszeiten, durch ein relativ hohes und frei verfügbares Taschengeld sowie durch den Mangel verbindlicher Normen in der Erwachsenengeneration. Dem im Elternhaus und in der Schule nicht erlebten Entwicklungskontinuum entsprechen punktuelle Bedürfnisbefriedigungen als rauschhaft erfahrene Höhepunkte. Im Kollektiv begangene Aggressionen scheinen jeder persönlichen Verantwortlichkeit enthoben. Ihre Folgen für die Zukunft der Beteiligten werden übersehen, weil der augenblicklich vorherrschende Macht- und Lustgewinn fasziniert und Befriedigung verschafft. Die aggressiven Energien dieser Cliquen aktualisieren sich in Affekthandlungen, bleiben aber noch in Randzonen des Erlaubten. Eine für die Entwicklung des einzelnen bedenkliche Tendenz liegt jedoch darin, daß das Gruppenverhalten auf wenige Verhaltensmuster, eben auf die dem Gruppenstil gemäßen, verkürzt wird. Dadurch gehen dem Jugendlichen wesentliche Voraussetzungen der Lebensbewältigung, nämlich flexible Anpassungsfähigkeit an unterschiedliche Situationen, verloren. Mit der Vereinseitigung seiner Verhaltensmuster gehen Wiederholungszwänge einher. Die Verarmung eigener Initiativen hat zur Folge, daß der Anführer immer größeren Einfluß auf das Gruppengeschehen gewinnt. Sein Machtzuwachs resultiert aus der Ichschwäche der Gruppenmitglieder. Ein Gespür für die persönlichkeitszerstörenden Auswirkungen dieser Konformitätszwänge entwickelt sich möglicherweise erst, wenn es einzelnen Gruppenmitgliedern gelingt, den Konsens in Frage zu stellen oder davon abzuweichen.

Im Unterschied zu den im vorigen Abschnitt beschriebenen Kollektiven sind kriminell agierende Banden im Alltag oft unauffällig und verzichten auf Demonstrationsgehabe. Ihre Straftaten sind keine Affekthandlungen, sondern strategisch vorgeplante und genauestens ausgeführte Aktionen. Die darin sich darstellende technische Intelligenz tendiert zu immer präziseren Ausführungen. Dabei ist nicht zu übersehen, daß den Gewaltakten oft lange zuvor durch verbale Kraftakte vorgearbeitet wird. Die Eskalation der Gewalt vollzieht sich meist in drei Phasen: Der psychologischen Vorbereitung folgen symbolische Zerstörungsakte als Sachbeschädigungen und schließlich Anschläge auf Leib und Leben des Gegners. Verbale Aufhetzungen bereiten Gewalttätigkeiten vor, indem persönlich erlittene Verletzungen und Kränkungen übersteigert, Hemmschwellen beseitigt, Konsequenzen verharmlost und Zugzwänge zur tätlichen Radikalisierung zielstrebig eingesetzt werden. Gewaltausübung setzt demnach vier Faktoren voraus, deren Zusammenwirken den Tatbestand von Bandenkriminalität, Verbrechen und Terror herbeiführen:

a) Individuen mit tiefgehendem Verlust emotionaler Beziehungen und mitmenschlicher Bindungen, deren Frustrationen durch keine konventionellen Möglichkeiten mehr ausgeglichen werden können. Es handelt sich oft um Jugendliche, deren fehlende Zukunftsperspektiven, Verweigerungen und Dauerproteste eine zunehmende Verarmung und Verhärtung zwischenmenschlicher Beziehungen zur Folge haben. Ihre existentielle Isolation spiegelt sich in ihrer angstauslösenden äußeren Aufmachung, die eine militante Herausforderung der Öffentlichkeit bedeutet.

b) Die Beseitigung von Hemmschwellen, die zur Verletzung anerkannter Normen und öffentlicher Ordnung führt. Hemmschwellen werden beseitigt, indem sich ähnlich frustrierte Jugendliche zu Banden zusammenschließen, die als Familienersatz und Schicksalsgemeinschaft erlebt werden. Ihr Zusammengehörigkeitsgefühl wird durch ähnliches Aussehen bzw. durch Uniformierung zur Schau getragen. Merkmale ihrer inneren Zugehörigkeit zur Bande sind der weitgehende Verzicht auf private Lebensführung und familiäre Rücksichtnahmen sowie im Rahmen der Bande ein Ehrenkodex, der zu Mutproben und Kameradschaft verpflichtet. Der Zusammenhalt der Bande wird durch machtverkörpernde Idole, Feindbilder und rudelhaftes Auftreten in der Öffentlichkeit dargestellt. Jede Straftat kettet die Bande enger zusammen. Da ihnen meist – außer einigen Mitläufern vielleicht – keine Rückkehr in ihre

Familien mehr zugestanden wird, sind sie auf Gedeih und Verderb aufeinander angewiesen. Durch Überredung oder Zwang zum Eintritt in die Bande veranlaßt, werden die Mitglieder durch haßerfüllte Parolen, Einschüchterungen, Scheinrechtfertigungen und gewaltverherrlichende Medien zu aggressiven und sadistischen Aktivitäten vorbereitet. Die Ausübung der Gewaltakte erfolgt meist unter Alkoholeinfluß.

c) Die Verharmlosung der Konsequenzen, die die Straftaten als scheinbar „gerecht" darstellen. Gewaltanwendungen, Mord und Terror werden als Vergeltung umgedeutet. Der Angegriffene wird als Angehöriger einer Minderheit (Ausländer, Behinderter, politischer Gegner etc.) von vornherein für schuldig befunden, Opfer dieser Selbstjustiz zu werden. Äußere Merkmale des Gegners sind der Auslöser, um aus nichtigem Anlaß unberechenbare Provokationen und Gewaltanwendungen zum Zweck seiner Vernichtung einzusetzen. Den spontanen Gewalttätigkeiten gehen meist Beschaffungseinbrüche und Waffendiebstähle voraus. Die strategische Überlegenheit der Bande liefert die Scheinrechtfertigung, daß, wer die Macht hat, auch das Recht zur Machtausübung habe. Politische Parolen, für eine bessere Welt kämpfen zu wollen, heizen den Machtrausch an, Kompromißlösungen werden verachtet. Vergeltungs- und Rachsucht, Zerstörungswut und der totale Verlust moralischer Hemmungen verfolgen den Zweck, der eigenen Machtposition den Vorrang zu erkämpfen. Blindwütige Machtbesessenheit leugnet schließlich jegliche Rechtsverbindlichkeit. Nach Niederlagen empfinden sich die Bandenmitglieder in einer Märtyrerrolle. Betroffenheit durch das Leid ihrer Opfer oder die einsetzende Strafverfolgung bleibt aus.

d) Zugzwänge zur tätlichen Radikalisierung, die oft von Hintermännern gesteuert werden. Politische Absichten und finanzielle Zwecke müssen in vielen Fällen als Hintergrund vermutet werden, vor dem die Bandenmitglieder agieren und ständig neu aufgereizt werden. Ihr strategischer Einsatz auf Straßen und Sportplätzen, in Bahnhöfen und bei Schmieraktionen löst Unruhe in der Bevölkerung aus. Beeinträchtigungen der öffentlichen Ordnung begünstigen wiederum jene chaotischen Aktivitäten, die zu noch mehr Gewalttätigkeiten führen können. Die Banden zögern nicht, einzelne flüchtige Mitglieder zur Rückkehr zu zwingen oder zu töten. Instrumentalisierte Gewalt führt schließlich zur Selbstzerstörung derjenigen, die sie ausüben. Zu befürchten bleibt, daß Nachfolger ihrem Beispiel folgen werden.

	Ausdrucksformen erzieherischer Zuwendung	Kindliche Reaktionen auf Zuwendungsangebote
Norm-bereich	Die Wahl und Duldung außerfamiliärer Bezugsgruppen bilden soziale Bewährungsproben für die Familie und den Jugendlichen. Ein außerfamiliäres Zusammengehörigkeitsbewußtsein entsteht, das von den Eltern als rivalisierender Einfluß auf seine Entwicklung betrachtet werden muß. Bisherige familiäre Leitvorstellungen werden einem Deutungs- und Bedeutungswandel unterzogen.	Bei außerfamiliären Bezugsgruppen und -personen findet das Kind / der Jugendliche Anregungen, Ergänzungen und Bestätigungen. Der Jugendliche lernt unterschiedliche Rollenerwartungen und verschiedenartiges Rollenverhalten kennen. Seine Ablösung vom Kindheitsstatus und die Hinwendung auf künftige Lebensaufgaben bereiten sich gemeinsam mit Gleichaltrigen vor.
Störungs-bereich	Familiäre Ambivalenzen oder Zurückweisungen des Kindes / Jugendlichen stellen eine unzuverlässige Basis für seine Schullaufbahn dar. Die Familie erkennt nicht den selbstverschuldeten Anteil an der Verhaltensproblematik des Kindes. Eine zunehmende Entfremdung zwischen Familie und Jugendlichem setzt ein, die bis zur wechselseitigen Ablehnung führen kann.	Verunsicherungen, Entmutigungen, Lern- und Leistungsblockierungen bilden die Schulschwierigkeiten des Kindes/Jugendlichen. Seine Aggressionsdynamik somatisiert sich oder sucht sich in Verhaltensstörungen Ausdruck. In vorwiegend regressiv oder aggressiv agierenden Bezugsgruppen findet der Jugendliche Anerkennung. Verhaltensstil und Konformitätszwänge der Gruppe engen sein Verhaltensspektrum jedoch ein, so daß seine soziale Anpassungsfähigkeit gemindert wird.
Krankheits-bereich	Der Verlust emotionaler Beziehungen und mitmenschlicher Bindungen veranlassen den Jugendlichen, sich als Familienersatz einer Bande anzuschließen. Der delinquent werdende Jugendliche wird meist aus dem Familienverband ausgeschlossen und seinem Schicksal überlassen.	Vorsätzliche, geplante Gewaltanwendungen und Zerstörungsakte entfernen das Kind / den Jugendlichen immer mehr von der Hoffnung, in sein familiäres Milieu zurückkehren zu können. Seine kriminellen Energien agieren sich in Wiederholungszwängen aus, weil nur noch dadurch Selbstbestätigung und Gruppenzugehörigkeit erfahren werden können.

Abb. 9. Phase des Schulalters und der Pubertät vom sechsten Lebensjahr an bis etwa zur Volljährigkeit mit konstruktiven, gestörten oder zerstörerischen Gruppenidentifikationen

6. Auswirkungen gestörter und zerstörerischer Aggressionsdynamik

Die bisherigen Ausführungen bedachten verschiedenartige Entstehungsbedingungen gestörter und zerstörerischer Aggressionsdynamik aus der Sicht des Individuums. Nun ist zu fragen, welche Auswirkungen Aggressivität im sozialen Umfeld auslösen kann und welche verstärkenden sozialen Faktoren zu Eskalationen aggressiven und destruktiven Verhaltens beitragen.

Die Entstehungsbedingungen unterschiedlichen Aggressionsverhaltens wurden verschiedenen Entwicklungsphasen zugeschrieben. Rückblickend läßt sich feststellen, daß entwicklungsdynamisch

- die reaktive Aggressivität der Oralphase,
- die instrumentelle Aggressivität der Analphase,
- die imitative Aggressivität der geltungsstrebigen Phase und
- die identifikative Aggressivität dem Schulalter, der Pubertät und Adoleszenz zuzuordnen sind.

Alltägliche Erfahrungen im Umgang mit gestörter und zerstörerischer Aggressivität lassen erkennen, daß die genannten vier Grundformen meist vermischt auftreten. Bei Fallbesprechungen und der Planung von Interventionen ist daher zu analysieren, welche Anteile der vier Aggressionsformen im jeweiligen Verhalten vorwiegend in Erscheinung treten. Es ist auch zu beachten, daß sich unterschiedliche Reaktionen der Umwelt auf diese vier Grundformen der Aggressivität zeigen.

Reaktive Aggressivität muß, wenn sie gehäuft auftritt, als affektive Ansteckung gekennzeichnet werden, durch die sich zwischenmenschliche Beziehungen mit gereizten und feindseligen Stimmungen aufladen. Dem erhöhten Erregungsniveau folgen oft aggressionssteigernde Kettenreaktionen. Früher erlittene Kränkungen treten zutage und führen in explosivem Zorn zu neuen Verletzungen, zu Tätlichkeiten oder Beziehungsabbrüchen. Eine schnelle Verletzbarkeit bedingt, daß nichtige Anlässe genügen, um unbedachte und explosiv wirkende Reaktionen auszulösen, deren Folgen u. U. nicht wiedergutzumachen sind. Reaktive Aggressivität muß in Fixierungen an lustbetonte Bedürfnisbefriedigung, geringer Frustrationstoleranz und mangelndem Verständnis für andere erkannt werden. Riesenerwartungen an die Umwelt bedingen Enttäuschungen, Entwertungstendenzen, Neid und Ambivalenzverhalten. Zwiespältigkeiten bei allen Beteiligten lassen keine dauerhaften und zuverlässigen

Beziehungen entstehen. Die den Riesenerwartungen entsprechenden geringen Selbstwerterfahrungen verursachen emotionale Kälte im Umgang miteinander, die zu wechselseitigen Verhärtungen führen können. Explosiv-jähzornige Entladungen lösen Ängste und Unsicherheiten im sozialen Umfeld aus, weil sie als plötzlich hereinbrechend und unberechenbar erlebt werden. Dem Mangel an Selbstkontrolle entspricht zunehmende Ablehnung: Dem reaktiv Aggressiven wird fehlende Anpassungsfähigkeit an seine Lebensbedingungen zugeschrieben.

Je häufiger instrumentelle Aggressivität als erfolgreich erlebt wird, desto geläufiger wird sie dem Kind/Jugendlichen als Macht- und Manipulationsinstrument. Infolge ihres gezielten Einsatzes wird sie zur Methode, um das Gegenüber herauszufordern, in Frage zu stellen, vorsätzlich zu kränken oder gefügig zu machen. Mit jedem Erfolg verstärkt sie sich. Das Selbstverständnis des andern erleidet durch instrumentelle Aggressivität Einbußen oder wird in Abrede gestellt. Erwartungs- und Geltungsansprüche von Eltern/Erziehern werden auf diese Weise zunichte gemacht. Jedes Gespräch wird zu einer Konfrontation, zu einem Machtkampf, aus dem sich der Angegriffene enttäuscht, geschlagen oder verbittert zurückzieht, weil er nicht mit gleichen Mitteln und gleichstarken Argumenten antworten kann oder will. Instrumentelle Aggressivität kann sich auch als verbissener Trotz oder als stumme, negativistische Ablehnung von Kontaktangeboten darstellen. Wird sie zur Dauerprotesthaltung, verallgemeinert sie sich bald als Handlungsstrategie auf alle Lebensbereiche. Die damit zutage tretenden Feindseligkeiten machen Verständigung nahezu unmöglich. In diesem Dauerprotest lautet die bewußte oder halbbewußte Zielsetzung die Unterwerfung desjenigen, der derzeit Vorrang, Vorteile oder Entscheidungs- und Verfügungsrechte in Händen hat. Die angstbesetzte Gegenwehr der Angegriffenen äußert sich in Straf- oder Abwehrimpulsen bis zu Ausschlußreaktionen gegenüber den Angreifern bzw. in resignierendem Sich-Zurückziehen.

Imitative Aggressivität spiegelt machtheischende Feindseligkeiten mehrfach wider, und zwar als Wiederholungszwänge oder weil erfolgreiche Konsequenzen vor Augen stehen und keine situationsgemäßen Verhaltensformen bekannt sind. Imitative Aggressivität kann Scham und Beschämung auslösen, sofern aggressive Vorbilder aufgrund der Widerspiegelungen sich ihres Fehlverhaltens bewußt werden. Häufiger lassen sich jedoch Verstärkungen imitativer Aggressivität feststellen, wenn Eltern ihre Kinder zur Anwendung aggressiven Verhaltens antreiben und aggressive Durchsetzungsstrategien als lebensnotwendig rechtfertigen.

Später übernehmen aggressiv agierende Cliquen ähnliche Verstärkerfunktionen. Das Handlungsrepertoire der Kinder/Jugendlichen vereinseitigt sich bis zur schablonenhaften Anpassung an die aggressiven Verhaltensmuster der Vorbilder. Die Umwelt setzt das aggressive Individuum häufig mit seinen negativen Vorbildern gleich und bewertet es mit uniformen Kategorien. Vorurteilsbesetzte Abwehr trifft den aggressiv Auffälligen einzeln wie auch als Clique insgesamt.

Identifikative Aggressivität löst im allgemeinen größte Ängste aus, weil sich darin alle vier Aggressionsformen verdichten. Der noch unzulänglichen Einsichts- und Entscheidungsfähigkeit bezüglich der Folgen ihres aggressiven Verhaltens stehen rasche Eskalationen der Clique entgegen. Identifikative Aggressivität wirkt angstauslösend, weil sich durch Imponiergehabe und zahlenmäßige Überlegenheit ein gefahrvolles Machtpotential einer Clique Geltung sucht. Ohnmächtiges Ausgeliefertsein der Übermacht und die Aussichtslosigkeit der Gegenwehr bei Aggressionen und Gewaltanwendungen steigern die Angst der Nichtbeteiligten. Seitens großer Teile der Bevölkerung besteht keine Bereitschaft, mit aggressiven Cliquen Kontakte aufzunehmen und sie evtl. in konventionelle Lebensbedingungen zu reintegrieren. Vielmehr sind der Ruf nach der Polizei und nach Strafmaßnahmen sowie die Minderung des Ansehens der betroffenen Familien oft Folgen dieser Angstreaktionen. Einmal als straffällig aktenkundig gewordenen Jugendlichen sind Zukunftschancen kaum noch offen.

7. Hilfen zur Sozialisierung der Aggressionsdynamik

In diesem Kapitel ist von Sozialisierung der Aggressionsdynamik die Rede. Unter Sozialisierung wird das Sozialfähigmachen der als gestört oder zerstörerisch wirkenden Aggressionsdynamik verstanden. Sie soll nicht unterdrückt oder beseitigt werden, sondern die Umwandlung schädigender Potentiale in sozial konstruktive Verhaltens- und Handlungsmöglichkeiten ist angefragt, also die Umwandlung der Aggressivität zur Antriebsdynamik in sozial angemessenen Formen. Je nach Vorverständnis von Aggressivität stellen Autoren teilweise einseitige Verfahrensweisen und Therapieangebote dar, um Veränderungen zu erzielen. Der hier vorgestellte Ansatz geht über eindimensionale Interventionen hinaus. Die Autorin vertritt die Ansicht, daß das Spektrum der Hilfsmöglichkeiten ganzheitlich, umweltbezogen und variabel zu den offenkundig werdenden vier Ausdrucksformen der Aggressivität einzusetzen ist. Mit reaktiver Aggressivität ist anders umzugehen als mit ihren instrumentellen, imitativen oder identifikativen Varianten. Ihre Intensitätsgrade, ob sie noch dem Störungsbereich oder bereits dem Krankheitsbereich zuzurechnen sind, müssen gleichfalls berücksichtigt werden. Ferner ist nach ihren sozialen Auswirkungen zu fragen, nach möglichen sozialen Verstärkern im Lebensumfeld sowie nach Ansätzen zur Gegensteuerung. Der mit Aggressionen Konfrontierte wird demnach seine Beobachtungen sowohl auf die jeweiligen aggressiven Ausdrucksformen und ihre Intensitätsgrade als auch auf verschiedene Bezugsgruppen mit ihren verstärkenden oder regulierenden Funktionen richten müssen.

Das nun folgende Kapitel erörtert zunächst Hilfen bei den häufigsten Fehlentwicklungen der kindlichen Antriebsdynamik, nämlich bei Gehemmtheiten, Zurücknahmen und Wucherungen der Aggressionsdynamik. Sodann wird zu Interventionen bei autoaggressiven Verhaltensformen übergegangen. Schließlich werden Sozialisierungsmöglichkeiten im Hinblick auf die vier Ausdrucksformen menschlicher Aggressivität dargelegt.

7.1. Regulierung von Fehlentwicklungen der Antriebsdynamik

Irritationen oder Fehlentwicklungen der kindlichen Antriebsdynamik, wie sie in der Einleitung (S. 8f.) beschrieben wurden, lassen sich als vorübergehende und beeinflußbare Verhaltensabweichungen verstehen, wie sie in jedem Kinderleben vorkommen können. Ihre Problematik liegt in ihrer Dauerhaftigkeit. Je häufiger sie zutage treten, desto intensiver verfestigen sie sich als Fehlverhalten. Daher bedeuten frühes Erkennen und rasche Einflußnahmen auf Anzeichen gestörter Antriebsdynamik unumgängliche pädagogisch-therapeutische Aufgaben. Da sie bei vielen Kindern anzutreffen sind, muß eine Folgerung die bessere Schulung von Erziehern/Lehrern sein, um solche Erschwerungen der kindlichen Entwicklung frühzeitig erkennen zu können und durch Einleitung von Hilfsmaßnahmen ihre Auswirkungen mindern zu helfen.

7.1.1. Aggressive Gehemmtheiten

bilden die Unfähigkeit, sich selbst als ein Ich zu behaupten und Widerspruch oder Widerstand gegen Erwartungen oder Zumutungen von anderen zu äußern (S. 8). Aggressiv Gehemmten wurde oft bereits im frühen Kindesalter jede Trotzreaktion unterbunden und die Durchsetzung von Eigenwünschen als Auflehnung oder Ungehorsam angelastet. Dominante und unterdrückende Erzieherpersönlichkeiten verfolgen meist unbewußt die Strategien selbsterlebter Fehlerziehung, indem strikte Unterwerfung unter den Elternwillen und Dressurakte als Erziehung verstanden werden. Da Kinder Elterneinflüssen unausweichlich und langfristig ausgesetzt sind, können die Folgen unterdrückender Beeinflussung im Verlust von Eigeninitiativen und Spontaneität bestehen. Ihre gedrosselte und manipulierte Antriebsdynamik läßt sie als scheu, schüchtern, leicht beeinflußbar, unterwürfig und unfroh erscheinen. Aggressiv Gehemmte neigen lebenslang dazu, ihre eigenen Wünsche und Bedürfnisse zugunsten einer Scheinanpassung an die Erwartungen der Umwelt zurückzustellen. Da der Gehemmte sich sein wahres Ich nicht zutraut, hält sich die Umwelt an das zur Schau gestellte und reagiert empört, wenn er manchmal den Ballast zugewiesener Fremdbestimmungen abschüttelt. Dauernder Verzicht auf ein Mindestmaß von Selbstbestimmung und sozialer Anerkennung führt zu Unzufriedenheit, Aggressionsstau, inneren Zwiespältigkeiten, Verstellungen und psychosomatischen Belastungen. Jähe und unberechenbare Ausbrüche unterdrückter Eigendynamik zeigen sich als scheinbar unmotivierte Wutausbrüche. Sie lösen keineswegs Verständnis in der Umwelt aus, sondern werden dem Gehemmten als Unbeherrschtheit, Unangepaßtheit bzw. Verlust der Selbstkontrolle zur Last gelegt. Es wird nicht verstanden, welche Mühen es den Unterdrückten kostet, die Fassade seiner Scheinanpassung aufrechtzuerhalten. Anstelle dieser Wutausbrüche kann das gehemmte Individuum auch zu autoaggressiven und selbstverletzenden Manipulationen – die Selbstbestrafung dient hierbei als Ersatz für nach außen nicht zugelassene Aggressionen – greifen oder plötzlich straffällig im Sinne von Kurzschlußhandlungen werden, um ein Ventil für die unerträglich werdenden inneren Spannungen zu erhalten.

Elternberatung geht stets mit kindbezogenen Hilfen parallel. Den Eltern/Erziehern muß verdeutlicht werden, welche Auswirkungen Bevormundungen, Einengungen und Unterdrückungsstrategien auf die derzeitige kindliche Entwicklung und den weiteren Lebensverlauf des Kindes haben können. Oft ist den Eltern ihr Dominanzverhalten unbewußt, so daß es ihnen u. U. sprachlich, gestisch und mimisch widergespiegelt werden muß. Die Eltern/Erzieher brauchen zunächst selbst Hilfen, um einsehen zu lernen, wie sie mit leiseren Mitteln erfolgreicher mit ihren

Kindern umgehen können. Dabei muß ihnen ihre unbewußte Abhängigkeit von dominanten Vorbildern bewußt gemacht werden. Danach ist zu überlegen, wie sie dem gehemmten Kind ein breiteres Aktionsfeld eröffnen können, um seine verdrängten Bedürfnisse nach motorischer Expression und Expansion neu zu beleben (Kiphard 1983, Teil II, 266). Therapeutische Hilfen können dem Kind durch Entspannungstechniken, bewegungs- und ausdruckstherapeutische Übungsverfahren, wie Kiphard sie in mehreren methodischen Varianten beschreibt (1983, Teil I, 145–192), angeboten werden, damit es sich ein breiteres Spektrum von Wahrnehmungs- und Ausdrucksmöglichkeiten zur Ichstabilisierung aufbauen kann. Das erweiterte Aktionsfeld des Kindes wird sprachliche, motorische, kognitive und emotionale Ansprüche an die Eltern richten. Es ist ihnen Mut zu machen, sich den neuen Herausforderungen zu stellen. Dem Kind müssen Anlässe gezeigt werden, bei denen es seine Wünsche, Bedürfnisse, Fragen und Widersprüche äußern kann, ohne sich aus Angst vor Bindungsverlusten selbst wieder in die Enge zu treiben. Es muß lernen, daß es Ansprüche haben darf und daß seine Person einen Wert darstellt. Es muß erfahren, daß Widerspruch und Widerstand erlaubte Mittel sind, um den eigenen Standpunkt zu verdeutlichen, bevor es sich später argumentativ mit anderen auseinandersetzen lernt. Familientherapeutisch orientierte Gespräche mit der ganzen Familie ermöglichen dem Kind, neue Kommunikationsformen mit seinen Bezugspersonen einzuüben. Häufig ist bei derartigen Interventionen eine Umwandlung der bisher gehemmten in eine überschießende Antriebsdynamik festzustellen. Daher wären nun weitere Hilfestellungen für die Eltern erforderlich, um die neuentdeckte kindliche Spontaneität leiten zu lernen. Der an diesen Gesprächen beteiligte Supervisor müßte das Kind auch im Rahmen seiner Klassengemeinschaft beraten, um ihm seine soziale Anpassungsfähigkeit unter Gleichaltrigen ohne Rückfälle in Unterwerfungspraktiken zu erleichtern. Rechtzeitige Hilfen zur Aktivierung eines aggressiv gehemmten Kindes können, wenn sie sowohl individuell als auch familientherapeutisch vermittelt werden, das gesamte Familiensystem und die Kommunikation der Familienmitglieder untereinander neu beleben.

7.1.2. Aggressive Rückzüge

bedeuten eine Intensivierung aggressiver Gehemmtheiten. Aggressiv zurückgezogene Kinder haben bereits weitgehend auf ihre Antriebsdynamik verzichtet (S. 8f.). Aufgrund ablehnender oder extrem zwiespältiger Elterneinstellungen sind sie zu der Überzeugung gelangt, daß ihr Dasein unerwünscht ist. Da sie ihre belastenden und bedrohenden Lebensbedingungen als unveränderlich betrachten, gewöhnen sie sich an Apathie und existentielle Isolation. Verlassen, wehrlos und hoffnungslos bauen sie sich ihre Eigenwelt auf, die sie vor Umwelteinflüssen abschirmt. Die Unveränderlichkeit der Lebensbedingungen läßt sie traurig und depressiv erscheinen. Häufig zeigen sie regressiv-kleinkindhaftes Verhalten, das als Schutzpanzer gegen erwartete Mißerfolge bei anspruchsvolleren Tätigkeiten verstanden werden muß. Dem Rückzug in sich selbst entspricht starre Gleichgültigkeit gegenüber differenzierteren Kommunikationsangeboten mit Lern- und Leistungsanforderungen. Jede zusätzliche Belastung kann ihre Verstimmtheit zur suicidalen Ausflucht steigern. Die Unterdrückung aggressiver Impulse führt in vielen Fällen zu Projektionen, die überall Gefahren und Bedrohungen vermuten lassen. Projektionsbildungen können Anlaß sein, daß Alltagsgegenstände bzw. Zuwendungen anderer Personen als bedrohlich oder feindselig eingeschätzt werden. So werden selbst gutgemeinte Kontaktangebote fehlgedeutet. Die emotionalen und kognitiven Blockaden dieser Kinder können jedoch auch in Bewegungsexplosionen umschlagen und sich in unkontrollierten motorischen oder verbalen Entladungen Luft machen. Andere Äußerungsformen unterdrückter Aggressivität sind beispielsweise Bewegungsstereotypien wie Jaktationen oder zwanghafte Selbstverletzungen wie Haarausreißen, Schlagen etc.

Lehrer/Erzieher können als erste die stummen Ängste dieser Kinder aufgreifen, indem sie auf schnelle therapeutische Hilfen drängen. Diese Kinder benötigen Ausdrucks- und Deutungshilfen, die sie in einer therapeutischen Zweierbeziehung durch Darstellen ihrer angstbesetzten Wahrnehmungen in Worten, Symbolen oder Bildern erlernen können, um sich somit von ihnen zu distanzieren. Mit Spiel- oder Werkmaterialien bzw. mit künstlerischen Darstellungshilfen müssen dem Kind Ausdrucksmöglichkeiten bereitgestellt werden, um sich von einseitigen Wahrnehmungen und belastenden Vorstellungen auf dem Weg wiederholten Entäußerns oder Durchleidens angstbesetzter Situationen zu befreien. Kiphard (1983, Teil II, 266–271) empfiehlt ein konsequentes Nachholen der nicht erlebten emotional-sozialen Entwicklungsphasen eines so gestörten Kindes. Dabei sind jedoch zwei Bedenken zu berücksichtigen: Einmal verlorenes Urvertrauen kann bei noch so gutgemeinten Zuwendungsangeboten nicht mehr in gleichem Maße, wie es emotional stabilen Kindern verfügbar ist, zurückgewonnen werden, weil das verhaltensgestörte Kind professionellen Helfern nur zeitweise begegnet, mit ihnen nur

„Beziehungen auf Zeit" eingehen und daher kaum langfristig tragfähige Bindungen zu ihnen aufbauen kann. Zum anderen läßt sich die Dauer negativer Prägungen durch bisher erfahrene Härten, Ängste und Isolation nicht mehr rückgängig machen. Es wird seine negativen Erfahrungen über einen langen Zeitraum als leidvoll und belastend in Erinnerung behalten. Realistischer wäre es m. E., gemeinsam mit dem gestörten Kind nach Kompensationshilfen zu suchen, die ihm einen gewissen Ausgleich ermöglichen. Latente oder offen gezeigte Wut- und Haßgefühle gegen die Eltern oder einen Elternteil treten während der Phase des Ausagierens immer mehr in den Vordergrund. Enttäuschungen über nicht erlebte Zuwendungen vermischen sich mit Zorn über Erfahrungen des Zurückgesetzt- oder Abgelehntseins. Mögen diese Wahrnehmungen fiktiv sein oder auf realen Gegebenheiten beruhen – für das Kind stellt sich das Dasein als bedrohlich und dem Zustand existentieller Ausgesetztheit ähnlich dar. Vorschnelle Beschwichtigungen seiner Ängste würden von ihm als Nicht-Ernstnehmen seiner Situation abgelehnt werden. Ein erster therapeutischer Schritt eines solchen Kindes liegt darin, daß es die ihm zugemutete Rolle eines Scheintoten, einer Marionette oder eines Sündenbocks als Auswirkung elterlicher Unzulänglichkeit und Hilflosigkeit erkennt. Es muß lernen, daß Erwachsene mit Ignorieren einer (Erziehungs-)Aufgabe ein Steuerungsinstrument verfügbar haben, mit dem sie Anforderungen umgehen und sich selbst schonen können. Mit der entschiedenen Ablehnung der ihm zugemuteten Rolle kann das Kind in einen Prozeß allmählich einsetzender Selbstbejahung gelangen. Um ein Bewußtsein des Eigenwertes seiner Person zu gewinnen, helfen alle Verfahren, die der körperlichen Entspannung dienen, aber auch angenehme Körpererfahrungen vermitteln wie beispielsweise Streichmassagen oder Hilfen zur Ausdrucks- und Bewegungsgestaltung (Kiphard 1983, Teil I, 168–176). Später können Beratungshilfen zur Körperpflege und Kosmetik, zur Auswahl der Kleidung und zur Gestaltung des eigenen Lebensraums hinzutreten. In dieser Phase der Reaktivierung ist es wichtig, es bei eigenen spontanen Vorhaben zu unterstützen, weil sie als Zeichen wachsender Autonomie und eigenen Initiativseins gelten können. Das Kind benötigt dazu Selbstverstärkungen, um mit Entmutigungen und Rückschlägen ohne Rückfall in frühere Ängste umgehen zu lernen. Diese selbstbejahenden Bewußtseinsveränderungen werden durch therapeutischen Zuspruch verstärkt, aber nicht ursächlich bedingt, so daß das Kind die Mobilisierung seiner Eigenkräfte als persönliche Leistung und nicht als Folge der Interventionen anderer einschätzen lernt.

In diesem Zusammenhang erweist es sich als hilfreich, dem Kind den Vergleich mit sich selbst früher und heute nahezubringen und daraus ermutigende Perspektiven abzuleiten. Mit wachsendem Selbstbewußtsein und sich erweiternden Intentionen gelangt es nun dahin, daß es auf andere zugeht und über ähnliche Interessen Kontakte mit anderen aufbaut. Der Helfer sollte während dieser Phase beobachten, ob es sich um symmetrische, d. h. gleichwertige Kommunikationsformen handelt oder ob sich einstige Schüchternheiten oder Unterwerfungsmechanismen einstellen. Fällt das Kind im Umgang mit Gleichaltrigen in frühere Regressionen zurück, müßte ein Sozialtraining mit Rollenspielen etc. eingeschoben werden.

Aus den bisherigen Ausführungen geht hervor, daß aus anfänglich vorwiegend therapeutischen Hilfen später pädagogische Zielsetzungen erwachsen, die das Kind in immer größere Verselbständigung zu führen beabsichtigen. Therapeutisch-pädagogische Begleitung kann das Kind durch einen Sozialpädagogen im Rahmen einer Erziehungsbeistandschaft, durch einen Erzieher/Sozialpädagogen oder Psychologen als Mitarbeiter einer Erziehungsberatungsstelle oder durch einen Sonderpädagogen erfahren. Seine gewohnte Kindergarten- oder Schulumwelt sollte es nach Möglichkeit beibehalten. Es kann jedoch ratsam sein, das Kind vorübergehend in einer familienähnlich geführten Heimgruppe oder in einer Pflegefamilie unterzubringen, um den Prozeß der Neuorientierung nicht durch Unverständnis oder Gegenreaktionen der Herkunftsfamilie zu belasten. Parallel zur Reaktivierung des Kindes müssen die Eltern verpflichtet werden, sich einer Familienberatung oder Familientherapie zu unterziehen. Das Inanspruchnehmen zusätzlicher öffentlicher Erziehungshilfen rechtfertigt den Anspruch an die Eltern, sich um verbesserte Erziehungskompetenz zu bemühen. Neben den organischen, konstitutionellen und psychischen Schwächen des Kindes verursachen pathogene Bedingungen des Familiensystems die Störungen eines Familienmitglieds stets mit. Das Bewußtmachen dieser pathogenen Ursachen und die Befähigung aller Familienmitglieder zu bewußteren Verhaltensformen stellen die Voraussetzungen für einen gemeinsamen Neuanfang dar. Die Wiedereingliederung des Kindes in seine Familie sollte jedoch auch von seinen Wünschen mitbestimmt werden. Die Wiedereingliederungsphase bedarf bei allen Beteiligten gleichfalls der Begleithilfen, damit altgewohnte Verhaltensmechanismen nicht erneut zu Rückschlägen führen.

7.1.3. Aggressive Wucherungen

treten als Aufdringlichkeiten in Erscheinung und kommen im Umgang mit anderen Überwältigungsversuchen gleich (S. 9). Aggressive Wucherungen unterscheiden sich von instrumenteller Aggressivität durch ihre überschießende und unreflektierte Vereinnahmung des Gegenübers, der meist genauso schnell eine Abwendung folgt. Ein solches Kind kennt kein Maß, wenn es gilt, in eine neue soziale Beziehung einzutreten. Es überschüttet den Partner mit Freundlichkeiten, Zärtlichkeiten, Umklammerungen oder Geschenken. Das Übermaß der Anhänglichkeiten wird ohne Rücksicht auf die Situation des anderen durchgesetzt. Besonders neu hinzukommende Lehrer/Erzieher oder Gruppenneulinge werden umlagert. Unerfahrene Berufsanfänger mißdeuten derartige Annäherungen als Sympathiebekundungen. Die hinter diesem Verhalten stehende Not des aggressiv aufdringlichen Kindes wird in den seltensten Fällen erkannt: Weil es einen emotionalen Mangelzustand empfindet, soll das neue Liebesobjekt frühere Enttäuschungen ausgleichen und unbefriedigte emotionale Bedürfnisse erfüllen. Mit seinen Riesenerwartungen überfrachtet das Kind natürlich jeden Kontaktversuch, so daß Enttäuschungen nicht ausbleiben. Daraufhin zieht es sich verbittert zurück und bekämpft möglicherweise das zuvor umworbene Liebesobjekt mit heftigen Rache- und Haßgefühlen. Die Zurückweisung seiner Freundschaftsbekundungen wird als persönliches Abgelehntwerden fehlgedeutet. Je häufiger das Kind solche Erfahrungen macht, desto größer ist die Gefahr, daß es sich in zorniger Verbitterung abkapselt und generell trotzigen Widerstand zeigt. Kiphard (1983, Teil II, 269–271) deutet diese demonstrative Trotzhaltung als Versuch des Kindes, seinen Eigenwillen zu behaupten und sich von anderen unabhängig zu machen. Herausfordernd oder durch Abblocken von Blick- und Sprachkontakten verrät es sein Kontaktbedürfnis, wenn auch unter negativen Vorzeichen, und distanziert sich gleichzeitig von seinen Kontaktwünschen, indem es sich hinter seiner Kontaktabwehr versteckt. Diese negativistische Abwehr von Kontaktangeboten kann als Angstvermeidung verstanden werden. Um jeder nochmaligen Enttäuschung zuvorzukommen, verbergen vor allem besonders empfindsame Kinder ihre Kontaktwünsche hinter dieser widersprüchlichen Maske. Daß damit auch fehlende Anpassung an die Bedürfnisse anderer einhergeht, nehmen sie aufgrund ihrer Ichverkapselung nicht wahr.

Aggressive Wucherungen können mit psychomotorischen Enthemmungen als Folgen hirnorganischer Funktionsstörungen einhergehen.

Die hyperaktiven, rasch wechselnden Aktivitäten eines so gestörten Kindes unterliegen weder Hemmungen noch Steuerungen. Je turbulenter das Kind seine Impulse auslebt, desto schneller läßt sich die Umwelt von seinen Irritationen beeinflussen. Der Teufelskreis enthemmter Steuerungsunfähigkeit auf seiten des Kindes und resignierter Rückzüge der Erzieher steigert seine Ängste zu neuem Bewegungschaos. Psychomotorische Enthemmungen können durch Reizüberangebote und Bewegungsmangel, durch äußere und innere Streßfaktoren begünstigt sowie durch vergangene oder künftige Belastungen mitbestimmt werden. Der Verlust der Impulskontrolle geht häufig mit quantitativer und qualitativer Verarmung der Motorik einher: Mit immer gleichen Bewegungsmustern treten Leerlaufhandlungen bzw. Koordinationsstörungen vor allem der Feinmotorik zutage. Distanzloses und provozierendes Störverhalten läßt das Kind rasch zum Außenseiter seiner Bezugsgruppen werden.

Diese drei Erscheinungsformen ungezügelter Aggressivität erfordern unterschiedliche Hilfestellungen. Emotionale Riesenerwartungen bedingen, daß sie rationaler Problembearbeitung kaum zugänglich sind. Jede therapeutische Beziehung wird sich bald zu einem Kampfplatz entwikkeln, auf dem sie ausagiert werden. Daher können eher Gruppengespräche dazu dienen, den Zusammenhang von Riesenerwartungen und nachfolgenden Enttäuschungen bewußt zu machen. Klassengemeinschaften oder Wohngruppen eignen sich vorzüglich für solche Gespräche, weil sich stets einige Kinder darin befinden, die das Zwanghafte vereinnahmender Kontaktsuche widerspiegeln und sich in die Überforderung des begehrten Partners einfühlen können. Kinder sind füreinander glaubwürdigere Interpreten eines Problems als Erwachsene. Nach dem ersten Bewußtmachungsprozeß sollten Ängste vor Beziehungsverlusten sowie die Themen Kontaktsuche und Kontaktaufbau ohne Zwänge zur Sprache kommen. Durch Gruppengespräche kann die unter aggressiven Wucherungen zutage tretende narzißtische Bedürfnisstruktur dahingehend verändert werden, daß das Kind mitmenschliche Kontakte als Austausch erkennen lernt, zu dem es selbst auch einige Beiträge einbringen kann. In einer weiteren Phase wäre mit Rollenspielen zu erproben, wie Kontakte aufgebaut und aufrechterhalten werden können, indem auch Konflikte zur Darstellung gelangen.

Das in trotziger Kontaktabwehr sich abkapselnde Kind erfordert zunächst Verständnis für sein Rückzugs- und Schutzbedürfnis. Statt ihm seine Trotzhaltung zum Vorwurf zu machen, sollten ihm Gelegenheiten bereitgestellt werden, seinen Willen in selbstgewählten Aufgaben zu bekunden. Es empfiehlt sich, dem Kind eine Auswahl von Aufgaben zur Verfügung zu stellen und es ihm zu überlassen, welche davon es auswählen und ausführen möchte. Für seine Aktivitäten muß ihm Anerkennung ausgesprochen werden, denn das Kind leidet zutiefst an Selbstzweifeln. Auf diesem Wege können Abwehrhaltungen allmählich abgebaut und das Kind kann immer mehr an Gemeinschaftsaufgaben mitbeteiligt werden. Sein Selbstwertgefühl muß zunehmend gestärkt werden. Dazu ist ihm aufzuzeigen, wie es durch konstruktive Aktivitäten die Anerkennung anderer erlangen kann.

Psychomotorische Enthemmungen lassen sich durch Entspannungsangebote zugänglich machen. Nur aus der Entspannung kann das psychomotorisch gestörte Kind zur gesteuerten Impulskontrolle gelangen. Ob diese Entspannung durch Bewegungsübungen in warmem Wasser, durch Rhythmik oder konzentrative Entspannungstechniken herbeigeführt wird, hängt von der Symptomatik des Kindes und von den therapeutischen Möglichkeiten am Ort ab. Übungen zur bewußten Bewegungsbeherrschung, zur Bewegungskoordination und zur Impulskontrolle sollten anfänglich zeitlich begrenzt sein und sich langsam steigern. Die Wirksamkeit taktiler Sensibilisierung durch Körper- und Hautkontakte wurde immer wieder beschrieben. Daneben benötigt das Kind auch viele Phasen, in denen es seinem Bewegungsbedürfnis nachgeben kann. Möglichkeiten des Abreagierens innerer Spannungen ergeben sich durch variationsreiche Bewegungs- und Sportspiele (Kiphard 1983, Teil I und II) sowie durch Mitbeteiligung des Kindes an alltäglichen Aktivitäten bei der Tier-, Garten- und Hauspflege. Die Beziehung eines psychomotorisch gestörten Kindes zu einem Tier erweist sich, wenn sie auch die kontinuierliche Pflege des Tieres einschließt, als beruhigend und strukturierend, weil sie Anpassung an das Bewegungsverhalten des Tieres erfordert. Ziel der Übungen ist, das Kind zur willentlichen Steuerung seines expansiven und konzentrativen Verhaltens zu befähigen, d. h. es dahin zu führen, daß es seine Motorik durch selbstgesetzte Entspannungen zu beruhigen und zu kontrollieren lernt. Weil sich aggressives Ausagieren selbstverstärkend zum Bewegungschaos steigern kann, ist es wichtig, seine Aktivitäten auf kurze Zeitspannen zu begrenzen. Seinem Erregungsüberschuß muß vor seinem Höhepunkt Einhalt geboten werden. Nur eine vorausschauende Lenkung und Begrenzung seiner Impulse verhelfen ihm dazu, den ihm eigenen Rhythmus von Aktiv- und Entspanntsein zu finden. Das Kind benötigt dazu eine möglichst gleichbleibende und überschaubare Lebensumwelt, damit es im äußeren Halt allmählich eine Festigung seiner

Persönlichkeit erfahren kann. Aufgrund erhöhter Aggressionsneigungen müssen aggressionssteigernde Filme, Spielzeuge, Nahrungsmittel etc. vermieden werden. Auch hier empfiehlt sich möglicherweise eine vorübergehende Herausnahme des Kindes aus seiner Familie, wenn sich seine Problematik als große familiäre Belastung erweist. Neben Erklärungen des kindlichen Extremverhaltens ist Elternberatung zur Bewältigung von Schuldgefühlen bei konfliktreichen Eltern-Kind-Beziehungen eine wichtige Begleithilfe. Auch Selbsthilfegruppen betroffener Eltern erweisen sich als entlastend. Bei einer vorübergehenden Fremdunterbringung des Kindes ist es sinnvoll, um die wechselseitige Entfremdung so gering wie möglich zu halten, die Ferien gemeinsam zu verleben. Je älter das Kind wird, desto größer wird die Chance, mit ihm „Verträge" abzuschließen, die eine gewisse Beständigkeit und Zuverlässigkeit seines Verhaltens garantieren.

7.2. Bewältigung von Autoaggressionen

Im Kapitel „Autoaggressionen" (S. 40 – 43) wurde selbstschädigendes und selbstverletzendes Verhalten in tätlichen wie auch in symbolischen Formen angesprochen. Den vier unterschiedlichen Entstehungsbedingungen zufolge (S. 40ff.) müssen verschiedenartige Zugänge zu ihrer Bewältigung erörtert werden.

Organisch verursachte Autoaggressionen (S. 40f.) sind bei geistig Behinderten, Autisten oder an Demenzzuständen leidenden Personen anzutreffen. Da sie nicht in der Lage sind, ihre Wünsche, Lust- und Unlustgefühle zu versprachlichen, werden diese ganzkörperlich mit stereotypen motorischen Entladungen ausagiert. In hospitalisierten Gruppen Schwerstbehinderter ist zu beobachten, daß jeder seine ihm eigenen Stereotypien entwickelt. Sie entstehen nicht durch Nachahmungslernen, sondern sind als eigenständige Äußerungsformen mit je eigenen Bewegungsmustern wie Schaukeln, Handstereotypien, Beißen, Kratzen, Lippen- und Gesichtsverzerrungen, Kopfschlagen, Geh- und Stampfwiederholungen, Schreien etc. zu beobachten. Insofern sind sie als kreative und teilweise lustvoll erlebte individuelle Eigenbewegungen einzuschätzen. Bewegungsanalysen zeigen, daß es sich teilweise um recht komplizierte Bewegungsabläufe handelt, die von Nichtbehinderten kaum in der gleichen Schnelligkeit und Behendigkeit nachvollzogen werden können. Im teilweisen Mitvollzug dieser Bewegungsstereotypien kann der Behinderte ein Aha-Erlebnis erfahren. Durch stimmliche oder mimische Äußerungen gibt er zu verstehen, daß er den Co-Agierenden als Verstärkung seines Verhaltens erlebt. Hat man so seine Aufmerksamkeit erlangt,lassen sich die stereotypen Grundmuster durch geführte Zusatzbewegungen vorsichtig erweitern, so daß er allmählich über ein breiteres Bewegungsrepertoire verfügt. In veränderten Situationen, beispielsweise in anderen Räumen, zu anderen Zeiten oder mit anderen Personen können die hinzugewonnenen Bewegungsmöglichkeiten verfestigt werden. So können Bewegungsanpassungen an veränderte Bedingungen und Situationen allmählich willentlich vom Behinderten gesteuert werden.

Selbstverletzendes Verhalten beruht vermutlich auf hirnorganisch bedingten Tast- und Schmerzunempfindlichkeiten. Daher muß eine Sensibilisierung der gesamten Körperoberfläche, vor allem der Reizzonen der Hände, Arme und des Kopfes mit zunächst groben taktilen und thermischen Reizen vorgenommen werden, um später zu immer feineren Reizdosierungen und Reiznuancen überzugehen. Vibrationen aller Art erleichtern diese Sensibilisierung. Mit zunehmender Hautsensibilisierung nimmt die Tast- und Schmerzempfindlichkeit zu. Dadurch intensiviert sich das Körperbewußtsein, so daß der Behinderte allmählich in die Lage versetzt wird, willentlich eigene Intentionen auszuführen. Körperbewußtsein als wichtige Voraussetzung des Selbstbewußtseins muß in jahrelanger Kleinarbeit kontinuierlich gefestigt werden.

Eine andere Deutung autoaggressiven Verhaltens zielt auf Berührungs- und Kontaktvermeidung des Behinderten. In diesem Fall müssen organisch bedingte Überempfindlichkeiten für Tast- und Berührungsreize angenommen werden, die auf stereotype Weise autoaggressiv abreagiert werden. Hier sind Desensibilisierungshilfen erforderlich. In entspannten Situationen, beispielsweise im Bad oder auf einer weichen Unterlage, helfen dem Kind Massagen und leichte Berührungsreize, um es für Hautkontakte immer belastbarer zu machen.

Eine Möglichkeit, selbstschädigendes Verhalten wie Kratzen, Beißen oder Kopfschlagen zu verändern, sind Veränderungen des Untergrundes oder Fixierungen der Gliedmaßen. Der Behinderte spürt einen andersartigen Hautwiderstand. Um den Teufelskreis selbstgefährdender Stimulationen zu durchbrechen, ist die Umleitung der Energien in ungefährliche Bewegungsmuster erforderlich. Durch Ersatzangebote wie Schaukeln, Trampolinhüpfen, Laufen oder Tanzen können Bewegungserfahrungen gemacht werden, die als befriedigender erlebt werden.

Bei allen autoaggressiven Erscheinungsformen ist darauf zu achten, daß der Behinderte möglichst wenig Langeweile und Leerlauf erfährt. Vor allem in den Anfangsphasen muß daher, um zur erfolgreichen Bewältigung der Autoaggressionen zu gelangen, personalintensiv gearbeitet werden, bis der Behinderte sich selbst sinnvoll zu beschäftigen vermag.

Wahrnehmungsbedingte Autoaggressionen müssen als Ersatzhandlungen bei unzureichenden Anregungen von außen bezeichnet werden (S. 41). Sie sind eine Anklage gegen sozial bedingte Vernachlässigung und Vereinsamung. Autoaggressionen werden hier instrumentell eingesetzt, um dem Mangel an Anregungen abzuhelfen. Wahrnehmungsbedingte Autoaggressionen müssen als unbewußtes Bemühen des Behinderten eingeschätzt werden, in einer sozial defizitären Umwelt seine Vitalfunktionen wie Atmung, Bewegungsfähigkeit, Kreislauf, Pulsfrequenz, Körpertemperatur etc. aufrechtzuerhalten. Autoaggressionen dieser Art lassen sich verhältnismäßig schnell überwinden, wenn der Behinderte die seinem Entwicklungsniveau gemäße Förderung erhält. Bereits erlernte Bewegungsmuster müssen aufgegriffen werden, um sie mit zusätzlichen Reizangeboten zu erweitern. Da das Kind reizempfänglich ist, kann mit schnellen Entwicklungsfortschritten gerechnet werden. Als besonderes Problem stellt sich hier die Beratung und Anleitung des bis dahin vernachlässigenden Milieus dar. Nach der motivationalen Um- und Einstimmung benötigen die Bezugspersonen konkrete Handlungsanweisungen, wie sie mit welchen Materialien das Kind fördern können. Überforderungen und Angstzustände des Kindes müssen ebenso wie Leerlaufhandlungen erkannt werden, um Rückfälle zu vermeiden. Ein möglicher Rückfall in stereotype Handlungssequenzen liegt darin, daß das Kind die angebotenen Materialien gleichbleibend benutzt. Es benutzt und manipuliert die Dinge rituell nach stereotypen Verhaltensschemata. Dem ist dadurch abzuhelfen, daß verschiedenartige Einsatz- und Spielvariationen eines Gegenstandes gezeigt und mit dem Kind gemeinsam erprobt werden. Andere Hilfen ergeben sich durch Einbau verschiedener Teilhandlungen in eine zusammenhängende Geschichte, die vom Erzieher vorgemacht werden und vom Kind übernommen werden können. Wieder andere Spielanreize erwachsen aus dem Nachspielen erlebter Ereignisse. Vorausschauende Zeitstrukturierungen ermöglichen es den Mitarbeitern einer Einrichtung, täglich jedem Kind eine Zeit persönlicher Zuwendung und Förderung zukommen zu lassen, damit seinem Reizhunger entsprochen wird. Sobald das Kind gelernt hat, sich mit Materialien sinnvoll zu beschäftigen, wird es sich kaum noch autoaggressiv verhalten.

Ein reizempfängliches Kind kann bei autoaggressiven Rückfällen auch körperlich beeinflußt werden, indem andere Körperteile als die selbststimulierten vom Erzieher berührt und gestreichelt werden. Reizablenkung führt so zur Reizneutralisierung.

Operant bedingte Autoaggressionen werden durch Erfolgslernen verstärkt (S. 41f.). Das Kind hat entdeckt, daß es durch autoaggressive Handlungen die Zuwendung anderer, aber auch Mitleid und Entlastung von Anforderungen erreichen kann. Auch hier werden Autoaggressionen instrumentell benutzt. Sie sind ein gezielt eingesetztes Mittel, um erwünschte Zwecke zu erreichen. Mit jeder autoaggressiven Handlung verstärkt sich die Überzeugung des Kindes, daß es Personen und Situationen nach eigenem Gutdünken lenken und beherrschen kann. Operant eingesetzte Autoaggressionen sind daran zu erkennen, daß das Kind sie vorrangig in Anwesenheit anderer anwendet und eine gewisse Freude, Genugtuung oder Erleichterung zu erkennen gibt, wenn es (wieder einmal!) Erfolg mit seinen Tricks hat. Selbstverletzungen, Selbstverstümmelungen, aber auch psychosomatische Erkrankungen aller Art sind daher stets nach dem zu erreichenden Zweck zu befragen.

Es ist davon auszugehen, daß operant eingesetzte Autoaggressionen das Kind auf einem vorsprachlichen und körperhaft-symbolischen Niveau fixieren. Diese nonverbale Sprache muß durch reifere Ausdrucksformen überwunden werden. Das Kind muß lernen, seine Wünsche und Bedürfnisse, seine Ängste, Befürchtungen und Verweigerungen sprachlich auszudrücken, und sicher sein, daß es mit sprachlichen Mitteln Gehör findet. Müssen ihm Wünsche abgeschlagen werden, hat das Kind ein Anrecht darauf, daß ihm entsprechende Begründungen mitgeteilt werden. In vielen Fällen wird immer noch allzu rigoros bestimmt, was für das Kind gut ist bzw. wie es sich zu verhalten hat. Operant bedingte Autoaggressionen stellen somit eine Anklage gegen Eltern/Erzieher dar, die starr und autoritär auf die möglichst strikte Erfüllung erwachsenenspezifischer Erwartungen fixiert sind. Elternberatung oder Supervision in Erzieherteams lassen erkennen, wie weit Eltern/Erzieher selbst in der Lage sind, die kindliche Persönlichkeit ernst zu nehmen.

In diesem Zusammenhang sind auch spätere Selbstherabsetzungen von Jugendlichen/Erwachsenen als Warnsignale zu betrachten. Sie dienen oft dem Zweck, durch Selbstminderungen Beachtung und Einfluß zu gewinnen. Entgegen solchen masochistischen Tendenzen sind dem Jugendlichen das Recht auf Selbstsein zu verdeutlichen und alle Ansätze eigener Identitätsfindung zu verstärken.

Operant bedingte Autoaggressionen erweisen sich somit als Machtinstrument. Durch Ignorieren bzw. durch Umlenken der darin enthaltenen Absichten auf sinnvollere Ziele lassen sie sich beeinflussen. Jede Form von Beachtung verstärkt hingegen ihre negativen Wirkungen.

Autoaggressionen als Selbstbestrafungen bilden den psychisch bedingten Gegenpol der organischen Verursachungen (S. 42 – 43). Besonders kraß zeigen sich diese Selbstbestrafungen bei Personen, die sich nach Fehlleistungen selbst Schläge zuteilen, sich selbst mißhandeln oder in ihrer Selbstverachtung so weit gehen, daß sie sich als „Auswurf der Menschheit" betrachten. Selbstverstümmelungen, Haarausreißen oder Suicid sind Ausdruck der gegen das eigene Selbst gerichteten Gewaltanwendungen. Im Unterschied zum vorigen Abschnitt lösen diese selbstbestrafenden Autoaggressionen keine Besorgnisse in der Umwelt aus, weil sie meist heimlich vollzogen werden und keinen anderen Zweck verfolgen, als den Selbsthaß bis zur Selbstvernichtung zu steigern. Als symbolische Ersatzhandlungen müssen auch alle psychosomatischen Erkrankungen als autoaggressiv bezeichnet werden, in denen nach außen nicht zugelassene Wut und Widerstandskraft sich schädigend gegen den eigenen Organismus richten.

Hier sind psychotherapeutische oder psychiatrische Hilfen angezeigt, um das Individuum zu einer erweiterten Einsicht in seine Fehlhaltungen und Fehlleistungen zu führen. Es muß sich in seiner Fehlbarkeit und in seinen Begrenzungen akzeptieren lernen. In weiteren Schritten müssen alle Möglichkeiten ausgeschöpft werden, um zum Erkennen des Eigenwertes zu gelangen. Danach ist es erforderlich, Durchsetzungsvermögen aufzubauen und in alltäglichen Situationen zu erproben. Das Individuum ist erst nach einer Phase zunehmender Selbstbejahung in der Lage, sich seiner Sozialisation zu freuen, d. h. konstruktiv gemeinsam mit anderen zu handeln.

Abschließend ist festzuhalten, daß Autoaggressionen als eine für das betroffene Individuum schmerzhafte Körpersprache einzuschätzen sind, deren Intentionen auf Verstandenwerden durch die Umwelt zielen. Die zugrunde liegende Fehlanpassung des Individuums an seine Umwelt und der Umwelt an das Individuum bedeutet für beide Teile eine Herausforderung, sich um Verständnis zu bemühen und die Bedingungen des Zusammenlebens zu humanisieren – eine nie abgeschlossene Aufgabe!

7.3. Normalisierung defizitärer und destruktiver Aggressivität

Wie in Kap. 2 (S. 21 – 28) und Kap. 5 (S. 43 – 71) bereits dargelegt wurde, gibt es fließende Übergänge zwischen konstruktiv einzuschätzender Antriebsdynamik sowie ihren Fehlentwicklungen oder gefährdenden Umkehrungen während der vier im Kindes- und Jugendalter bedeutsamen Entwicklungsphasen. Ihre sozialen Auswirkungen, wie sie in Kap. 6 (S. 72 – 74) beschrieben wurden, sind dabei mitzuberücksichtigen. In diesem Kapitel soll erörtert werden, welche Hilfestellungen erforderlich und möglich sind, um rechtzeitig soziale Ausstoßungen zu verhüten bzw. die Resozialisierung der betroffenen Kinder und Jugendlichen einzuleiten. Defizitäre und destruktive Aggressivität wird in diesem Zusammenhang als beeinflußbar und veränderbar eingeschätzt. Diese Vorannahme bedeutet, daß die Interventionen differenziert, entwicklungsspezifisch, lebenspraktisch und auf die soziale Wiedereingliederung der Kinder und Jugendlichen ausgerichtet sein müssen. Sie wollen als Denkanstöße, keineswegs aber als Rezepte verstanden werden.

7.3.1. Reaktive Aggressivität

Reaktive Aggressivität ist Folge äußerer oder innerer, vergangener oder gegenwärtiger, fiktiver oder realer Belastungen oder Mangelzustände, die vom Individuum seines Selbstschutzes wegen mit Gegenangriffen oder abwehrend beantwortet werden. Zum andern äußert sie sich auch als Beibehalten der in der Oralphase vorherrschenden Abhängigkeit von Lust- oder Unlustgefühlen. Daher tritt sie gleichfalls als schnelles Aufbrausen und übermäßige Verletzbarkeit zutage. Zunächst sind die jeweiligen Belastungen oder Mangelzustände des Individuums zu erkunden. Es ist zu fragen, ob sie veränderbare Gegebenheiten sind oder als dauerhafte und bleibende Erschwernisse eingeschätzt werden müssen. Erleichterungen belastender Lebensbedingungen lassen sich beispielsweise durch Gespräche, eindeutige Absprachen, vernünftige Zeitplanung und Einschränkungen von Reizüberflutungen aller Art herbeiführen. Berechtigte Veränderungswünsche des Kindes/Jugendlichen müssen dazu einbezogen werden. Oft wird es erforderlich sein, die elterliche Ehrgeizhaltung anzusprechen, um Dauerüberforderungen des Kindes einzuschränken. Manchmal kann es sich um das Einrichten eines ruhigen Schlafplatzes, einer Spielecke, um Hilfen bei Hausaufgaben oder um regelmäßiges Taschengeld handeln. Durch Elterngespräche und Hausbesuche ist festzustellen, ob die Erwartungen der Bezugspersonen an das Kind realistisch sind oder als zu streng bzw. zu gering eingeschätzt werden müssen. Ähnliches gilt für Lehrer, Erzieher, Gruppenleiter etc. Der erste Schritt zur Normalisierung reaktiver Aggressivität beinhaltet somit, daß zu hohe Fremderwartungen an das Kind auf ein normales Maß zurückgenommen werden, einfachere Lebensformen eingeführt und seine Daseinsbedingungen so verändert werden, daß es sich ohne Überforderungen zurechtfinden kann.

Lassen sich belastende Umstände nicht ändern, ist zu fragen, mit welchen Mitteln das Kind reagiert: Bevorzugt es Reaktionsformen wie Gegenangriffe oder Flucht bzw. Ausflüchte oder Regressionen? Bei übereilten aggressiven Reaktionen bzw. tätlichen, verbalen oder symbolischen Gegenangriffen ist die erste Forderung, daß sich der Erzieher affektiv nicht anstecken läßt. Es darf nicht zu Eskalationen und weiteren Aufheizungen des emotionalen Klimas und somit zu Verstärkungen der gereizten Atmosphäre kommen. Kann der Erzieher ruhig bleiben, wirkt er als Vorbild, wie emotionaler Streß ohne affektive Ansteckung bewältigt werden kann. In weiteren Schritten ist dem Kind zu verdeutlichen, welche Wirkungen es mit seinen aggressiven Gegenreaktionen auslöst, welche Zunahme von Kränkungen, Verletzungen, Kontaktabbrüchen und welche Verluste durch Zerstörungswut eintreten. Ersatzhandlungen oder Ersatzobjekte können vorübergehend Erleichterungen des aggressiven Staus bewirken. Wichtiger ist es, die Folgen aggressiver Eskalationen zu bedenken und Verständnis für das Gegenüber zu gewinnen. Indem Verzögerungen aggressiver Reaktionen bedacht werden, gewinnt das Kind eine breitere Auswahl von Reaktionsmöglichkeiten. Mit Verstehenshilfen für das Gegenüber kann es zu veränderten Situationsdeutungen gelangen. Dem rasch zornentbrannten Kind/Jugendlichen ist die Erweiterung seiner Frustrationstoleranz zuzumuten, indem andersartige Ausdrucks- und Lebensformen geduldet und Frustrationen als Teilhabe an allgemeinen Daseinsbedingungen erklärt werden. Diese für das Leben in der pluralistischen Gesellschaft notwendigen Eigenschaften zielen darauf, daß das Kind schrittweise einübt, überhöhte Erwartungen zu reduzieren, nicht ständig Anerkennung zu erwarten, Belastungen zeitweilig zu ertragen, sich nicht zu Streitigkeiten anstiften zu lassen, vorübergehend Verzichte zu leisten oder allein sein zu können, um durch Selbstbeherrschung reifere Kommunikationsformen zu erlangen. Es ist ein wichtiger Beitrag zur Friedenspädagogik, wenn Kindern/Jugendlichen vermittelt wird, daß nicht das Recht des Stärkeren oder Gewalteskalationen, sondern Überlegenheit aufgrund von Selbstbeherrschung und Wohlwollen erstrebenswert sind. Die Stärkung der Ichfunktionen geht nicht ohne Selbsteinschränkungen vonstatten. Für sein späteres Dasein gewinnt das Kind dadurch jedoch Selbstkontrolle und Entscheidungskompetenz, die es zu einer selbstbestimmten Lebensführung benötigt.

Reaktive Aggressivität kann auch in Formen der Flucht oder von Ausflüchten in Erscheinung treten. Sie besagen, daß sich das Individuum der aggressiven Impulse anderer nicht anders zu erwehren weiß, als aus dem Felde zu gehen. Sie ist die bequemste Art der Konfliktvermeidung und wird daher oft angewandt. Um nicht als Schwächling zu gelten, muß das Kind/der Jugendliche lernen, argumentativ eine angemessene Gegenwehr auszuüben, indem bei Angriffen zu klaren Grenzsetzungen ermutigt wird. Die wichtigste Hilfe, die Eltern/Erzieher hierzu leisten können, sind Reflektionen mit dem Kind über gelungene oder mißlungene Austauschprozesse. In die Auseinandersetzungen mit Gleichaltrigen sollten sich Eltern/Erzieher möglichst nicht einmischen. Lediglich ihre Bekräftigungen prosozialen Verhaltens helfen dem Kind, seiner Unsicherheiten Herr zu werden.

Noch mehr Ermutigungen benötigen Kinder/Jugendliche, die durch Regressionen auf ein bereits überwundenes Verhaltensniveau, beispielsweise in Form von Süchten, oder durch psychosomatische Erkrankungen den Anforderungen ihres Daseins ausweichen. Regressive Tendenzen dieser Art dürfen keinesfalls durch Verwöhnung verstärkt werden, da sie als pessimistische Lebensgrundstimmung, Apathie und Depressivität erhebliche zerstörerische und selbstzerstörerische Potentiale enthalten. Vielmehr müssen im schrittweisen Überwinden der Ausweichmechanismen die Regressionen bewältigt werden, um danach die verdrängte und unterdrückte Antriebsdynamik zu reaktivieren.

7.3.2. Instrumentelle Aggressivität

Hat ein Individuum wiederholt erfahren, daß es mit seiner Aggressivität erfolgreich ist, wird es sie instrumentell einsetzen, um erwünschte Ziele zu erreichen. Sie wird zum Machtinstrument. Zur Situationsbeherrschung wird sie planmäßig und zielgerichtet eingesetzt. Unzählige Formen instrumenteller Aggressivität treten in alltäglichen Machtkämpfen zutage, von ironisch-hämischen Bemerkungen bis zu verbalen Provokationen, von dauernden Störungen der Wohn- und Lebenssituation anderer bis zu heimtückischen Schadenszufügungen, von sadistischen Quälereien bis zu Selbstverletzungen reicht ihr Spektrum. Selbstbehauptung wird um jeden Preis erkämpft, Anpassung an andere als Schwäche gedeutet. Letztlich liegt der instrumentellen Aggressivität der Konflikt der Analphase zugrunde, daß mit Anpassungsbereitschaft Selbstverluste einhergehen könnten. Im erweiterten Sinne kann instrumentelle Aggressivität als fortbestehende Trotzphase gekennzeichnet werden, der allerdings mit zunehmendem Alter immer raffiniertere Mittel zur Machtentfaltung verfügbar sind. Machtgier erfährt mit jedem Erfolg Verstärkungen. Oft sucht instrumentelle Aggressivität Bündnisse mit Stärkeren, so daß direkte Gegenwehr von vornherein aussichtslos erscheint. Phobische oder psychosomatische Erkrankungen können ebenso wie Zwangshandlungen einen symbolisch ausagierten Protest und Kampf um Überlegenheit darstellen. Zuwendungen der Umwelt bedeuten ihre ständige Verstärkung. Als besonders gefährlich müssen herausfordernde Verstöße gegen die soziale Ordnung eingeschätzt werden, da sie mit geplanten Provokationen den Zweck verfolgen, mittels Unruhestiften und Aufruhr narzißtische Befriedigung zu erlangen. Weil durch Gewalt stets Gegengewalt hervorgerufen wird, entfernt sich die Aktion bald von ihrem ursprünglichen Anlaß und verselbständigt sich in Krawallen. Stellt instrumentelle Aggressivität im familiären oder schulischen Rahmen die elterlichen bzw. erzieherischen Erwartungen und Ansprüche in Frage, so bezieht sich dieses Infragestellen bei öffentlichen Krawallen auf die Ordnung des Gemeinwesens schlechthin. Der Gewalttätige wie auch sein Opfer beanspruchen beide, im Recht zu sein und recht zu haben. Droh- und Strafmaßnahmen gegen den Delinquenten sind nur bedingt wirksam, denn sie heizen den Machtkampf noch stärker an und verhärten die Fronten. Um instrumentelle Aggressivität zu beeinflussen, müssen langfristig drei Gegenstrategien zur Geltung kommen: Einerseits müssen die bisherigen Erfolgsverstärkungen abgebaut werden, indem mit konsequenter Nicht-Beachtung oder Isolierung dem aggressiven Individuum die Bühne entzogen oder die Zielerreichung durchkreuzt wird. Es kostet Kraft, dieses Ignorieren oder Durchkreuzen konsequent beizubehalten. Doch ist dies die einzige Möglichkeit, die Wenn-Dann-Erwartungen des aggressiven Individuums in Frage zu stellen oder abzuwehren, so daß die oft erfolgreich gespielten Kausalfolgen nicht mehr funktionieren. „Das Segel aus dem Wind nehmen" (Dreikurs/Soltz 1972, 149–166) kann auch heißen, daß der Erzieher erkennen läßt, kein Interesse an einem Machtkampf zu haben. Mit einem (manchmal vorgetäuschten) Gleichmut wird zur Kenntnis gegeben, daß die Absichten der aggressiven Strategien durchaus durchschaut werden, der Erzieher (derzeit) aber nicht gewillt ist, darauf einzugehen. Zum andern müssen klare und eindeutige Grenzsetzungen, Vereinbarungen, Regeln oder Hausordnungen festgelegt werden, die für die gesamte Bezugsgruppe verbindlich sind. Diese Vereinbarungen, die auch in Form von „Verträgen“ abgeschlossen werden können, sollten in entspannten Situationen besprochen und begründet werden. Werden solche Vereinbarungen verletzt, wird dies als Angriff auf die gemeinsame Ordnung der Bezugsgruppe und nicht mehr vorrangig als Machtkampf mit dem Erzieher betrachtet. Bei Regelverletzungen kommt der Gruppe zu, „natürliche Konsequenzen“ (Dreikurs/Soltz 1972, 82–96) vorzuschlagen und anzuwenden, die keine beschämenden Bestrafungen, sondern Wiedergutmachungsleistungen sein sollen. Damit kann der Erzieher vermeiden, strafausübend wirken zu müssen. Seine Einstellung zum aggressiven Individuum bleibt dadurch neutraler und weniger emotional belastet. Die dritte Gegenstrategie ist das Bemühen, dem aggressiven Individuum Wege zu zeigen, wie es mit einfacheren und natürlicheren Mitteln Beachtung und Zuwendung erreichen kann. Da instrumentelle Aggressivität letztlich auf der Angst beruht, unter anderen zu kurz zu kommen, von andern unterdrückt zu werden oder zu wenig Geltung zu erlangen, ist oft eine gewisse Erleichterung zu bemerken, wenn dem Kind/Jugendlichen weniger aufwendige Möglichkeiten gezeigt werden, wie mit anderen auszukommen ist. Anstelle des Dominanzstrebens ist Austausch mit anderen zu erlernen, also die Fähigkeit, sich von anderen bereichern und durch andere ergänzen zu lassen.

Mit seinen Machtansprüchen schwebt dem aggressiven Individuum die Fiktion persönlicher Überlegenheit, Erhabenheit und Besonderheit vor. Seine Unterwerfungsstrategien setzt es daher zur Scheinrechtfertigung seines Überlegenheitsstrebens ein. Auf diesem Hintergrund (vgl. Kap. 1.1., Adlers Deutungsansatz) müssen tiefgehende Minderwertigkeitskomplexe vermutet werden.

Die Veränderbarkeit instrumenteller Aggressivität wird im allgemeinen als gering eingeschätzt. Zu dieser Auffassung tragen m. E. zwei Gründe bei: Eltern/Erzieher reagieren auf Herausforderungen oder Angriffe ihrer Kinder oft betroffen, enttäuscht oder verletzt. Darüber hinaus wird die Vehemenz aggressiver Energien gefürchtet, mit der Kinder/Jugendliche ihre Strategien ohne Rücksicht auf die Belastbarkeit anderer durchzusetzen pflegen. Infolge ihrer Verletzbarkeit antworten viele Eltern/Erzieher bei diesen Konfrontationen extrem hart oder geben vorschnell resigniert nach. Beide Reaktionsformen sind Ausdruck narzißtischen Selbstschutzes der Erwachsenen und lassen erkennen, daß sie der zugrundeliegenden Verhaltensproblematik nicht gewachsen sind bzw. sich vom äußeren Gehabe verblüffen lassen. Deshalb setzt sich der Teufelskreis unangemessener Aktionen und Reaktionen auf beiden Seiten oft jahrelang fort und macht das Zusammenleben zunehmend schwieriger. Re-Sozialisierung bedeutet daher das Bemühen beider Seiten, verlorengegangene Partnerschaft als wechselseitigen Austausch anstelle von Dauerauseinandersetzungen wiederzugewinnen. Dazu benötigen Eltern/Erzieher Beratungshilfen, um ihren Herausforderern Grenzsetzungen wie auch altersentsprechende Selbstbestimmung gewähren zu können. Bei den Kindern/Jugendlichen zielt der Lernprozeß auf Respektierenlernen von Grenzen und Zuwachs an Einfühlungsvermögen. Instrumentelle Aggressivität kann somit Anlaß sein, das Zusammenleben der Generationen oder von Gruppen bewußter und rücksichtsvoller zu gestalten. Der kontrollierte, verantwortete und rücksichtnehmende Einsatz aggressiver Energien ist letztlich das Ziel dieser Bewußtseinsänderung. Ein solcher Veränderungsprozeß hat auch zur Folge, daß aggressive Ausbrüche im Sport und in anderen gesellschaftlichen Bereichen kritischer in Frage gestellt werden.

Abgelehnte Kinder agieren erlittene Feindseligkeiten später oft in schroffer Ablehnung jeden Kontaktversuchs und in sadistisch-destruktiven Impulsen gegen ihre Umwelt aus. Mit extremen Grausamkeiten, denen Einfühlung in das Empfinden der Opfer fehlt, zeigen sie die Tiefe des Verlustes an Mitmenschlichkeit an. Von der Umwelt wird diese Zerstörungswut meist als persönliche Verderbtheit der Täter gedeutet. Demgegenüber ist festzuhalten, daß der Verlust einfühlender Beziehungsfähigkeit nicht allein Sache der Delinquenten ist, sondern auch der gleichgültigen und abweisenden Umwelt als Schuld zugeschrieben werden muß. Zerstörerische Übergriffe sind nicht selten Ausdruck des Wunsches, an der Lebenswelt anderer teilhaben zu dürfen. Bei diesen Kindern/Jugendlichen ist zu berücksichtigen, daß emotional-soziale Beziehungen der am meisten geschädigte und verkürzte Bereich ihrer Persönlichkeitsentwicklung ist. Die Neubelebung ihrer Beziehungsfähigkeit sollte daher zunächst über Interessengebiete und Sachbeziehungen laufen, um sie danach für die Beziehung zu Tieren und die Mitverantwortung für alltägliche Pflichten zu interessieren. Eine einfache, überschaubare Lebensumwelt unter pädagogischer Leitung kann am ehesten zur Wiedereingliederung delinquent gewordener Kinder und Jugendlicher beitragen. Bewährung in kleinen Aufgaben ermöglicht ihnen, Zutrauen zu sich selbst und anderen wiederzugewinnen. Indem sie lernen, daß Anerkennung vor allem mit konstruktiven Beiträgen zum Zusammenleben gewonnen wird, können sie vor der Wiederholung aggressiver Akte geschützt werden.

7.3.3. Imitative Aggressivität

Die Abhängigkeit des Menschen von Sozialbeziehungen begründet und bestimmt sein Nachahmungsverhalten. Vor allem die frühesten, unreflektierten Sozialbeziehungen wirken prägend auf die künftige Entwicklung des Individuums ein. Dem Imitationslernen liegt das Bedürfnis zugrunde, sich mit einem Größeren, Stärkeren und Erfahreneren zu identifizieren, um durch Nachahmen seiner Haltungen und Handlungen gleicherweise auch an seinem Einfluß und Wissen, seiner Geltung und Macht teilhaben zu können. Imitative Aggressivität spiegelt zunächst das Verhalten familiärer Bezugspersonen wider. Später sind es Modelle aus dem Kindergarten, der Nachbarschaft oder der Schule, die aus Sympathie oder ihres Einflusses wegen nachgeahmt werden. Etwa vom achten Lebensjahr an können auch medial vermittelte Leitbilder, wie sie in Filmen oder Comics imponieren, zur Identifikation und Imitation dienen. Das Kind wird zunehmend sensibler für die Wirkungen unterschiedlicher Verhaltensstile. Sein Geltungsbedürfnis greift daher besonders auffällige oder ausfallende Verhaltensmuster auf, die durch Nachahmung einverleibt werden. Diese Versuche wirken zuweilen komisch, weil das Kind/der Jugendliche noch keine Auswahlkriterien kennt, um aus der Fülle der Angebote das für die eigene Person zuträgliche Leitbild herauszufinden. Eine Zeitlang werden daher rasch wechselnde Idole ausgetauscht und ihre verschiedenartigen Verhaltensstile nachgeahmt. Diese Art Imitationslernen kann als Verhaltensdifferenzierung durchaus positiv eingeschätzt werden. Bedenkliche Auswirkungen können dort eintreten, wo überwiegend negative und machtorientierte Leitbilder nachgeahmt werden, weil gleichzeitig deren Einstellungen unbewußt mitübernommen werden. Vor allem in Familien, deren emotionale Atmosphäre als karg und defizitär bezeichnet werden muß, ist die Vorliebe der Kinder für überkompensierende Leitbilder größer als in emotional stabilen Familien. Häufig unterstützen verwahrlosende Eltern mit ihren zwiespältigen und dissozialen Einstellungen diese fragwürdigen Leitbilder. Psychische Deformierungen der Eltern kombinieren sich so mit denen der Leitfiguren und lasten doppelt unbewältigte Probleme der nächsten Generation auf (Nissen 1976b, 89–91). Dabei ist zu fragen, welche Faszination diese negativen Verhaltensmuster auf das Kind / den Jugendlichen ausüben und ob sie sich als vorwiegend bedürfnis- oder machtorientiert einschätzen lassen. Mit der Wahl seiner Leitbilder zeigt das Kind/der Jugendliche seine Bedarfslagen und Wünsche an. Die Leitbildfunktion erlischt, wenn ihnen auf entwicklungsgemäße Art entsprochen wird.

Imitative Aggressivität mahnt das Verantwortungsbewußtsein der Erwachsenen an. Nachgeahmtes kindliches Fehlverhalten bildet oft den Zerrspiegel, wodurch elterliche Fehlhaltungen bewußt und zugänglich gemacht werden können. Zur Neuorientierung ist zu bedenken, daß die gleichen Wirkfaktoren, die bislang das imitierte Negativverhalten bewirkten, auch für den Aufbau positiver Identifikationen nutzbar gemacht werden können. In zweifacher Hinsicht ist Neuorientierung erforderlich: Auf der Verhaltensebene muß das Kind/der Jugendliche von den rüden Umgangsformen seiner negativen Leitbilder Abstand gewinnen. In Bezug auf seine Selbstfindung muß anstelle der bisherigen Fremdhörigkeit normative Stabilität durch Gewissensbildung zur Festigung des Personkerns gewonnen werden. Wie stellt sich nun Gewissensbildung in heutiger Zeit dar? Zunächst ist von Bedeutung, daß das Kind im Kindergarten, in der Schule oder in Gruppen in seinen Erziehern/Lehrern Lebensformen verkörpert sieht, die als prosozial und kooperativ einzuschätzen sind und als positive Vorbilder Beachtung verdienen. Diese wirken oft nicht wegen ihrer „Modernität“, sondern aufgrund ihrer Überzeugungskraft. Der Einfluß außerfamiliärer Erzieher auf das Kind wird desto größer sein, je wärmer sich das emotionale Klima in der Schule etc. darstellt. In seinen Erziehern findet das Kind sozusagen eine „Absprungbasis“ für neue Identifikationen, die ihm innere und später auch äußere Distanz von den bisherigen Leitbildern und ihrer aggressiven Dynamik ermöglichen. Identifikationen mit außerfamiliären Bezugspersonen bewirken eine Ich-Veränderung, die mit der Internalisation von deren Wertorientierungen einhergeht und später zu Projektionen gegen die Herkunftsfamilie führen kann. Piaget unterscheidet zwei Arten von Gewissensbildung, die heteronome Zwangsmoral der Gruppe oder des Kollektivs, in denen der Mensch von Geburt an lebt, und andererseits die durch Zusammenarbeit von Gleichaltrigen wachsende autonome Moral (1979, 283–284). Moralische Autonomie erwächst aus den Normen der Gegenseitigkeit während der Gruppenarbeit und ist daher erlernbar (Piaget 1979, 460–461). Erzieher/Lehrer haben die Bedingungen zu solchen Erfahrungen bereitzustellen, an der Auswertung von Erfahrungen mitzuarbeiten und Begründungshilfen zu leisten, die später auf dem

Wege der Selbstinstruktion angewendet werden können (Oser 1976, 402). Die autonome Gewissensbildung muß so beschaffen sein, daß sich das Kind / der Jugendliche auch in fragwürdigen und konfliktreichen Situationen von subjektiver Verantwortlichkeit leiten läßt (Oser 1976, 27). Auf diesem Hintergrund werden sowohl innere Selbstkritik als auch Einfühlung in die Erwartungen anderer, sowohl Selbststeuerung als auch Bewertungen der Haltungen und Handlungen anderer möglich. Weil sich das Individuum als mündig erfahren kann, folgen daraus eine positive Selbsteinschätzung und Identitätsfindung. Autonome Gewissensbildung distanziert den Jugendlichen von seinen bisherigen negativen Leitbildern, denn es werden zugleich auch Hemmungen als Vermeidungstendenzen gegenüber verlockenden Verhaltensweisen erlernt (Oser 1976, 186). In späteren Lebensphasen kann die autonome Gewissensbildung Unterstützung durch frei gewählte Vorbilder oder Lebensformen erfahren (Oser 1976, 270–271). Möglicherweise wirkt das neugewonnene und reifere Verhaltensniveau des Jugendlichen positiv im Sinne der Vorbildfunktion auf das Herkunftsmilieu zurück.

7.3.4. Identifikative Aggressivität

Die am meisten gefürchtete Ausdrucksform jugendlicher Aggressivität ist die identifikative, weil sich darin alle bisher besprochenen Aggressionsmöglichkeiten zusammenfinden und durch geballte Gruppenenergien verstärken. Bei defizitären oder destruktiven Charakterstrukturen der Gruppenmitglieder zentrieren sich diese Energien auf Konsumverhalten, beispielsweise auf exzessiven Nikotin-, Alkohol- oder Drogenkonsum mit nachfolgender Beschaffungskriminalität durch Rezeptfälschungen, Diebstähle, Einbrüche, Erpressung mit Folterungen, Schmuggel, Prostitution etc. Kinder und Jugendliche, deren Eltern gleicherweise trinken oder drogenabhängig sind, sind für Delinquenzkarrieren dieser Art besonders anfällig. Auswärts gerichtete Aggressionsformen äußern sich im Geschwindigkeitsrausch von rudelweise riskant rasenden Motorradfahrern oder in rücksichtslosem Autofahren mit übersteigertem Tempo. Weitere Ausdrucksformen identifikativer Aggressivität sind im Starkult um Rocksänger etc. augenfällig, wenn sich das Idol mit seinen Anhängern in martialisch anmutenden Selbstdarstellungen präsentiert. Die derzeit wohl gefährlichste Variante identifikativer Aggressivität muß in Cliquen beobachtet werden, die sich durch absonderliche Kleidung, Frisuren und Gesichtsbemalungen sowie extrem dreistes Verhalten exponieren und mit ihren politischen Agitationen auf die Verhöhnung demokratischen

Gesellschaftsverständnisses zielen. Verbal und tätlich werden mit vorsätzlichen Provokationen Feindbilder errichtet und angegriffen, deren Verhalten keinerlei Anlaß zu derartigen Übergriffen bietet. Die Größen- und Allmachtsphantasien dieser Schlägercliquen suchen sich vor allem ängstliche, schwache und wehrlose Opfer als Sündenböcke zur Steigerung des eigenen, mangelhaft entfalteten Selbstwertgefühls aus. Mit fanatischem Sadismus scheint hier Fremdzerstörung um jeden Preis als Ersatz für hinausgeschobene Selbstzerstörung verfolgt zu werden. Ferner stellt die Bandenkriminalität familiär ausgestoßener Kinder und Jugendlicher eine zunehmende Gefahr für die öffentliche Ordnung dar. Aus Rache terrorisieren schwerbewaffnete „Babygangster" Städte in den USA und erschießen wahllos Passanten (Pressemitteilung der Kölnischen Rundschau vom 21. 4. 1988). Ihre Racheakte verfolgen das Ziel, frühere Kränkungen und Verletzungen durch Grausamkeiten aller Art auszugleichen.

Nicht kriminell werdende Jugendliche mit Ausdrucksformen identifikativer Aggressivität sollten bei kleineren Ordnungsverstößen und polizeilichen Verwarnungen zu kurzfristigen Arbeitsleistungen öffentlichen Interesses herangezogen werden, um realitätsgerechteres Verhalten zu erlernen. Die bereits an vielen Orten praktizierten Diversionsmaßnahmen besagen, daß vor allem bei jugendlichen Ersttätern von einem förmlichen Jugendgerichtsverfahren abgesehen werden kann, wenn diese bereit sind, den angerichteten Schaden durch Arbeits- oder Geldleistungen wiedergutzumachen. Bei Ersatz strafrechtlicher Sanktionen durch erzieherische Maßnahmen wird von der namentlichen Eintragung in das Strafregister abgesehen.

Bei schweren Rechtsverletzungen jugendlicher Delinquenten ist als Hauptmotiv Angst zu vermuten – eine Angst, die sich von der Erfahrung herleitet, daß sie mit herkömmlichen Mitteln keine oder zu geringe Anerkennung bei anderen finden bzw. keine dem übersteigerten Ich-Ideal entsprechenden Zukunftsperspektiven erkennen können. Die Resozialisierung kriminell gewordener Jugendlicher muß in unterschiedlichen Phasen entsprechend dem Ausmaß ihrer Bereitschaft zur Mitarbeit erfolgen. Gewalteskalationen müssen zunächst durch Grenzsetzungen/Eingrenzungen und durch Isolation der Anführer beantwortet werden, weil während der Konfrontationen keine andere Sprache verstanden wird. Cliquenauflösungen müssen durch geschulte Fachkräfte wie psychologisch vorbereitete Kriminal- und Polizeibeamte oder sozialpädagogisch vorgebildete Streetworker angegangen werden. Die zweite Phase der Resozialisierung betrifft die Frage, ob Bestrafungen notwendig und sinnvoll sind, weil die Sühne von Straftaten eher latenten Rachebedürfnissen der Bevölkerung und als Verteidigungsmittel der Gesellschaft statt der Wiedergutmachung des entstandenen Schadens entspricht. Daher verdienen diejenigen Strafrechtler Unterstützung, die die Umerziehung und soziale Wiedereingliederung der jugendlichen Straftäter befürworten (Piaget 1979, 383). Der im Jugendstrafrecht (Jugendgerichtsgesetz §§ 3–12) verankerte Vorrang der Um- und Nacherziehung vor Bestrafungen ermöglicht es dem Richter in Zusammenarbeit mit dem Jugendamt, den delinquenten Jugendlichen von der Untersuchungshaft zu befreien und stattdessen seine Unterbringung in einem Erziehungsheim anzuordnen. Die dritte Phase der Resozialisierung ist von der Auswahl geeigneter Wohn- und Arbeitsstätten bestimmt. Geschlossene oder offene Erziehungsheime, Kleinstwohnheime oder Bauernhöfe sind m. E. günstigere Resozialisierungsbedingungen als der Aufenthalt in überfüllten Gefängnissen, wo aus Personalmangel keine persönliche Betreuung möglich und das Abdriften in weitere kriminelle Aktivitäten wahrscheinlich sind. In wohnlicher Atmosphäre muß der Jugendliche mit pädagogischer Begleitung einen geregelten Tagesablauf, Mitarbeit bei allen anfallenden Pflichten, das Nachholen schulischer Defizite und erste Schritte zu einem Beschäftigungs- und Ausbildungsverhältnis erfahren können. Dabei bedarf er zunächst kleinschrittiger Anleitungen und kontinuierlicher Kontrollen. Durch Verträge lassen sich Pflichten und Vereinbarungen genau umschreiben. Nicht nur auftretende Fehlleistungen und Rückfälle, sondern auch alle erfolgreichen Bewährungen sollten aktenkundig festgehalten werden, um daraus realistische Einschätzungen und Selbstverstärkungen des Jugendlichen ableiten zu können. Hat sich der Jugendliche in seiner überschaubaren Lebensumwelt bewährt, sollten ihm in der vierten Phase der Resozialisierung freiere Wohn-, Ausbildungs- und Arbeitsmöglichkeiten angeboten werden. Jetzt benötigt er ein individuelles Sozialtraining, um sich in komplexeren Situationen zurechtfinden zu können. Die Wiedergutmachung des durch die Straftaten entstandenen Schadens muß während der dritten und vierten Resozialisierungsphase durch Arbeits- oder Geldleistungen je individuell entschieden und abgegolten werden. Die pädagogische Begleitung kann allmählich auf gelegentliche Beratungsgespräche eingeschränkt werden, wobei der Aufbau autonomer Gewissensbildung von vorrangiger Bedeutung ist. Kommt es zu wiederholten Rückfällen, müssen die verschärften Lebens- und Arbeitsbedingungen der dritten Resozialisierungsphase erneut und längerfristig zur Anwendung kommen. Schlimmstenfalls wäre ein Gefängnisaufenthalt in Erwägung zu ziehen.

Schrittweise Resozialisierung stellt somit ein dynamisches und individuell angepaßtes Konzept sozialer Wiedereingliederung dar, auf deren Verlauf der Jugendliche weitgehend einwirken und an der er mitgestalten kann. Sie erweist sich als bei weitem kostengünstiger und erfolgversprechender als ein jahrelanges Einsitzen im Gefängnis und beugt gleichzeitig der erfahrungsgemäß hohen Rückfallquote nach der Entlassung von Strafgefangenen vor. Allerdings setzt sie bei allen Mitarbeitern in Jugendämtern, an Jugendgerichten und in der Bewährungshilfe Einfühlungsvermögen und Institutionenkenntnis voraus, um im Bedarfsfall schnell die individuell geeignete Lebens- und Arbeitswelt für den jugendlichen Rechtsbrecher zu finden. Vor allem muß die bürokratische Praxis numerischer Einweisungen in geschlossene Anstalten überwunden werden. Jedes Einzelschicksal verdient es, sorgfältig nach seinen bisherigen Lebensumständen und zugunsten künftiger Entwicklungsmöglichkeiten entschieden zu werden.

7.4. Unterstützung konstruktiver Antriebsdynamik

Neben der Normalisierung fehlentwickelter Aggressivität liegt die vorrangige erzieherische Aufgabe in der Unterstützung konstruktiver Antriebsdynamik, um dem Kind/Jugendlichen die ihm gemäßen Entwicklungsmöglichkeiten bereitzustellen. Der Aufbau konstruktiver Antriebsdynamik zielt auf die Festigung zentraler Ich-Funktionen wie Selbstkontrolle, Selbstbeherrschung, Selbstbewußtsein, Entscheidungskompetenz, Einfühlungsvermögen, Anpassungsbereitschaft etc. im Dienste seiner Identitätsentwicklung (Ammon 1979, Bd. 1, 106). In sozialen Bezugssystemen ermöglicht sie ihm Ablösung, Abgrenzung, Abstand und Selbstsein (Meves/Illies 1975, 14).

Der Aufbau konstruktiver Antriebsdynamik beginnt bereits vorgeburtlich. Schwangerschaften sollten unter möglichst günstigen Voraussetzungen geplant und erlebt werden. Geplante Schwangerschaften gewährleisten am ehesten eine gesunde Lebensführung, die Inanspruchnahme von Vorsorgeuntersuchungen und eine reflektierte Einstellung auf die Elternschaft als Voraussetzungen, unter denen Geborgenheit und Verantwortung für das Kind wachsen können. Das Schicksal des Abgelehntseins durch eine zufällige und ungewollte Schwangerschaft sollte allmählich zur Ausnahme werden.

Während der Oralphase sind Beratungshilfen sinnvoll, um dem Kind angemessene Entwicklungsanreize bieten zu können. Sie sind von besonderer Bedeutung bei erstgeborenen, kränklichen oder behinderten Kindern bzw. bei Mehrlingsgeburten. Der Einsatz einer häuslichen Kinderkrankenpflegerin oder Familienpflegerin muß im Falle von Überlastungen, Erkrankungen und Klinikaufenthalten der Mutter sofort eingeleitet werden. Regelmäßige Vorsorgeuntersuchungen lassen frühzeitig Entwicklungshemmnisse des Kindes erkennen, die durch therapeutische und medikamentöse Hilfen ausgeglichen oder vermindert werden können. Bei Behinderungen des Kindes müssen Geburtskliniken, Hebammen und Kinderärzte den Eltern Kontakte zu Selbsthilfegruppen gleichfalls betroffener Eltern vermitteln. Besondere Beachtung benötigen bei Erziehungsproblemen vor allem Alleinerziehende, Pflege- und Adoptiveltern. Wichtige Erziehungsaufgaben während der Oralphase bestehen darin, das Kind von der Fixierung an seine Unlustzustände abzulenken und seine Interessen bzw. seine Beziehungsbereitschaft auf die personale und gegenständliche Umwelt hinzulenken. Integrierte, d. h. reifende Oralität zielt darauf, daß sich das Individuum seinen Geschmack am Leben und seinen sinnenhaften Erfahrungen aufbaut, bewahrt und zunehmend verfeinert.

Eine das ganze Leben begleitende orale Gefährdung besteht in Regressionen als vorübergehendes oder längerdauerndes Zurückfallen auf ein bereits überwundenes Entwicklungsniveau. Vorübergehende Regressionen bieten einem situativ überforderten Individuum Schutz und Sammlung vor einem Neuanfang. Dauerhafte Regressionen hingegen müssen als Verweigerung des Reifwerdens zu altersgemäßen Entwicklungsmöglichkeiten betrachtet werden und bedürfen therapeutischer Hilfen. In der Öffentlichkeit wäre die noch strengere Handhabung des Nikotin-, Alkohol-, Drogen- und abhängigmachenden Medikamentenverbots voranzutreiben. Als Individualhilfe muß eine individuell abgewogene Erziehung zum Verzicht auf direkte Bedürfnisbefriedigungen und auf eine Anspruchshaltung totaler Versorgung erfolgen, um das Kind zu befähigen, Versuchungssituationen besser widerstehen und insgesamt selbstbewußter leben zu können (Klein 1987, 574–587).

In der Analphase benötigen viele Eltern Beratungshilfen, um dem Kind sowohl den entwicklungsnotwendigen Freiraum zu ermöglichen als auch vernünftige Grenzsetzungen und Verbote einzuführen. Die kindliche

Selbstbehauptung, die sich vor allem im Frage- und Trotzalter einübt, ist die Voraussetzung für ein tragfähiges Selbstwertgefühl, das zur Bewältigung von Lebensaufgaben dringend erforderlich ist. Hilfen brauchen vor allem jene Eltern, die ihre eigene Autonomie nur bruchstückhaft, zwanghaft oder unter Schuldgefühlen leben können. Selbstunsicheren Eltern muß dargelegt werden, wie bzw. in welchen Formen die kindliche Spiel- und Sprachentwicklung erweitert, Kinderfragen beantwortet, die Sauberkeitserziehung durchgeführt, Grenzen gesetzt und das kindliche Autonomiestreben sinnvoll unterstützt werden können. Für diese Themen eignen sich vorzüglich Gruppengespräche, weil hierdurch Eltern voneinander lernen können. Integrierte, d. h. reifende Analität zeigt sich im Bemühen, eigene Wünsche und Zielsetzungen dialogisch, im Austausch mit den Strebungen anderer und mit Rücksicht auf fremde Wünsche und Bedürfnisse zu verwirklichen. Eine lebenslange Aufgabe besteht darin, eher auf Kooperation statt auf Konfrontationen bedacht zu sein, d. h. sich von affektgesteuertem zu vernunftgelenktem Verhalten und Handeln zu erziehen. Dazu müssen Aggressionsbahnung und Affektkultivierung akzeptiert und trainiert werden.

Als anale Regressionsphänomene, die therapeutische Hilfsmaßnahmen erfordern, müssen alle angstbesetzten und zwanghaften Verhaltensweisen betrachtet werden, ferner alle Arten von Wiederholungszwängen. Einsicht in wirklichkeitsverzerrende Wahrnehmungs- und Deutungsmuster sollte dem Kind/Jugendlichen zusammen mit Selbstinstruktionstraining und Problemlösungsfertigkeiten vermittelt werden (Burrey/Palmowski 1987, 549–562).

Die geltungsstrebige Phase thematisiert das Hineinwachsen des Kindes in Gruppenbeziehungen. Hier steht das Problem an, wie es sich als Einzelwesen zur zahlenmäßig überlegenen Gruppe verhält, ob es sich ein- oder unterordnet, mitlaufen oder führen möchte, wie es sich Gehör und Geltung unter anderen verschafft. Elternberatung ist bei sehr zurückgezogen lebenden Familien erforderlich, aber auch bei konventionell überbestimmten Eltern, die, überangepaßt an Modeströmungen, keinen eigenen Lebensstil finden können. Vor allem müssen jene Eltern angesprochen werden, deren wechselhaftes Verhalten die kindliche Aggressivität herausfordert und verstärkt. Nachreifung ist Eltern im Interesse ihrer Kinder durchaus zuzumuten. Die für das Zusammenleben in der pluralistischen Gesellschaft so wichtige Konfliktfähigkeit muß eingeübt werden, damit das Kind erkennen kann, daß Interessenkollisionen und Konflikte alltägliche Begebenheiten sind und nicht zu gehässigen Streitigkeiten führen müssen. Die kindliche Sprachkompetenz erlaubt in diesem Alter bereits eigene verbale Konfliktbewältigungen, zu denen die Eltern/Erzieher gute Vorbilder sein müssen. Der Fernsehkonsum, durch den sich die maßlos übersteigerte Darstellung von Gewalttätigkeiten als Problemlösung einprägt, muß durch vernünftige Auswahl der Sendungen beeinflußt werden. Integrierte, d. h. reifende Geltungsstrebigkeit beruht darin, daß sich das Individuum im Gruppenverband argumentativ behaupten, situativ anpassen oder reflektiert durchsetzen lernt.

Als geltungsstrebige Regressionsphänomene müssen clownhafte oder hysterisch-übersteigerte Dominanzansprüche auf Kosten und zu Lasten anderer gekennzeichnet werden. Demonstrationsgehabe dieser Art läßt sich nur durch Bewährung in echten Aufgaben überwinden. Bei Kindern/Jugendlichen lassen sich Veränderungen des Selbstwertgefühls durch Schülerberatung bei aktuellen Konflikten und durch Hausaufgaben- bzw. Nachhilfe zur Verbesserung der Leistungsmotivation erreichen.

Während der Pubertät und Adoleszenz besteht der zu leistende Entwicklungsschritt im Loslassen und Freigeben gleicherweise auf seiten der Eltern wie auch des Jugendlichen. Ein Dilemma dieser Entwicklungsphase liegt darin, daß bei vielen Jugendlichen die körperliche Reife der seelischen weit vorausläuft und daß sie Fremdeinwirkungen durch Mode, Werbung etc. unkritisch gegenüberstehen. Da sie noch nicht strafmündig sind, müssen Eltern mehr oder weniger für die Folgen ihres unbedachten Verhaltens und Handelns geradestehen. Eltern fürchten oft, ihre Kinder würden absichtlich den in sie gesetzten Erwartungen nicht entsprechen wollen, und stülpen ihnen demzufolge ihre Mißerfolgsbefürchtungen als Negativbild über. Dieser Mechanismus dient ihrem eigenen Selbstschutz. Für die Zukunftsperspektiven und Leistungsmotivation der Jugendlichen stellen sich derartige Zuschreibungen als fast unerträgliche Belastungen dar (Saueressig 1987, 569 – 578). Als Verinnerlichung elterlicher Feindseligkeiten und internalisiertes Identitätsverbot sind sie ein inneres Gefängnis, aus dem sich der Jugendliche nur mit fremder Hilfe befreien kann. Elternberatung ist vor allem bei induzierten Versagensängsten, die sich hinter vorgetäuschter Gleichgültigkeit verbergen können, erforderlich. Elternberatung muß hier um Vertrauen werben, damit dem Jugendlichen immer mehr Freiraum und Mitverantwortung überlassen werden können. Eltern erleben das Loslassen oft als bitteren Verlust. Sie benötigen daher eine Neubesinnung auf die ihnen verbleibenden Lebensaufgaben. Auf seiten des Jugendlichen ist das Loslassen elterlicher Leitbilder und Begleitung nicht weniger schmerzlich. Er muß in neuen Lebenszusammenhängen die im Erziehungsprozeß erfahrenen Defizite und Defekte der Eltern erkennen und aufarbeiten. Darüberhinaus zielt die Entwicklung des Jugendlichen auf Ganzwerden, d. h. auf Integration männlicher und weiblicher Persönlichkeitsanteile, die ihm durch die Eltern sowie durch andere Begegnungen bewußt wurden, in die eigene Persönlichkeit. Dieses Ganzwerden ist die Voraussetzung für den Eintritt in das Erwachsenendasein.

Pubertäre Regressionsphänomene zeigen sich vor allem in Fixierungen an die Eltern bzw. an einen Elternteil, wenn das beidseitige Loslassen nicht gelingt, oder in der einseitigen Überbetonung weiblicher oder männlicher Persönlichkeitsanteile. Pädagogische und therapeutische Hilfen müssen den Jugendlichen ermutigen, sich von belastenden Fiktionen und Einseitigkeiten zu befreien. Als praktische Hilfestellungen bieten sich an,

- Jugendlichen Realitätswahrnehmungen deuten zu helfen und ihnen dadurch Zugang zu Entwicklungsmöglichkeiten zu erleichtern;
- ihnen Aktivitäten anzubieten, die die Abfuhr aggressiver Spannungen in sozial angemessenen Formen möglich macht;
- versteckte Benachteiligungen von Mädchen zu erkennen und durch bessere Schullaufbahn- und Berufsberatung zu vermindern;
- die Geschlechtszugehörigkeit durch Hygiene- und Kosmetikanleitungen bejahen zu lernen;
- für alkoholbeschränkte Feste Sorge zu tragen und Abholdienste nach Festen, Disco-Besuchen etc. einzurichten;
- jugendlichen Heimbewohnern auf Wunsch ein Verbleiben im Heim über die Volljährigkeit hinaus zu ermöglichen.

Aggressive Verhaltens- und Beziehungsstörungen sind tiefgehende Krisen mitmenschlichen Kontaktes, in denen beide Kontrahenten sich in ihren Selbstwertgefühlen verletzt und angegriffen erleben. Sie stellen demnach auch beidseitige Identitätskrisen dar. Häufig spitzen sich diese Krisen nach dem Alles-oder-Nichts-Prinzip zu: Um des Rechtbehaltens willen werden aggressive Durchsetzungsstrategien mit äußerster Härte bis zum Beziehungsabbruch beibehalten. Die Wut des Schwächeren ist Zündstoff für neue Auseinandersetzungen. Beziehungskrisen können auch Anlaß zum „Überwachsen" oder Transzendieren werden. Beide Begriffe verweisen auf ein anderes, höheres Entwicklungsniveau, auf das sich die Kontrahenten zubewegen können. Daher ist kein Grund ersichtlich, Aggressionen und menschliche Aggressivität zu verdrängen, zu verteufeln oder zu tabuisieren. Sie kann vielmehr zur Herausforderung vertieften Nachdenkens über die Beziehungskrise werden. Beziehungsstörungen kommunikativ unter dem Vorzeichen steter Versöhnungsbereitschaft zu betrachten, wäre bereits ein Schritt in eine befreiende Richtung.

Kinder/Jugendliche projizieren Negativerfahrungen mit ihren Eltern oft auf Erzieher/Lehrer, die ihrerseits eigene negative Sozialisationserfahrungen u. U. noch nicht verarbeitet haben. Daher sollten Erzieher/Lehrer während ihrer Ausbildung mit Problemen menschlicher Aggressivität konfrontiert werden und so zu einem erweiterten Verständnis psychodynamischer Wechselwirkungen gelangen, um nicht vorzeitig zur autoritären Gegenwehr einer „Ordnungspädagogik" greifen zu müssen bzw. durch Selektion aggressiver Störenfriede die Beziehungsprobleme von sich abzuschieben. Für aktuelle Krisensituationen wäre ein abrufbarer Beratungsdienst bzw. eine abrufbare Supervision sinnvoll. Solche Dienste könnten zentralen Jugendämtern angegliedert sein.

Aggressiven Verhaltens- und Beziehungsstörungen muß mit vierfachem Beziehungsaufbau begegnet werden:

– *Verbesserungen des Selbstbezugs* zielen auf Änderungen der Selbsteinschätzung, indem fremde und eigene Negativbewertungen als unzulässige Zuschreibungen, Projektionen oder Unterdrückungsversuche durchschaut werden. Das Aufbauschen und ständige Wiederholen von Fehlern, Fehlleistungen und Versagenssituationen rechnen beispielsweise zu solchen Unterwerfungspraktiken. Um internalisierte Negativbewertungen zu überwinden, bedarf es eines langfristigen Trainings, in dem jegliche Selbstentwertung unterbleibt und das Individuum lernt, sich mit positiven Selbstbekräftigungen eine größere Selbstakzeptanz zu eröffnen. Den positiven Alltagsaspekten muß mehr Bedeutung und Freude als bisher beigemessen werden. Sich selbst als einen Wert einschätzen zu lernen, kann auch bedeuten, den Grundbedürfnissen wie Schlaf, Freizeit, Erholung, Ernährung, Hygiene, Kleidung, Wohn- und Arbeitsbedingungen etc. ein größeres Gewicht zukommen zu lassen und sie nach vernünftigen Maßstäben neu zu bedenken.

– *Verbesserungen des Sachbezugs* setzen voraus, daß Aggressionsverschiebungen auf Sachwerte erkannt werden, wenn bei Zornausbrüchen keinerlei Schonung von Gegenständen bzw. von Pflanzen und Tieren mehr aufrechterhalten werden kann. Zwei Hilfen bieten sich an: Affektverzögerungen als Zwischenschalten einer Zähl-, Denk- und Reaktionspause ermöglichen die Unterbrechung des Kurzschlusses zwischen emotionaler Erregung und Sachzerstörung. Aggressionsverschiebungen bieten andererseits einen Weg, motorische oder verbale Aggressionsäußerungen mittels wertloser Materialien auszuagieren. Hierzu rechnen im Kindesalter auch alle spieltherapeutischen Angebote. Im Jugendalter stellen verbale (Gespräche, Tagebuchschreiben), künstlerische (Arbeiten mit Ton, Holz), musiktherapeutische oder sportliche Aktivitäten (Boxen, Tischtennis, Fußball, Reiten etc.) Möglichkeiten des Abreagierens von Affekten dar. Diese Aktivitäten werden nicht nur zum Auffangbecken gestauter Energien, sondern enthalten zugleich Regeln, die den Antriebsüberschuß kanalisieren. Bei sehr gestörten Kindern/Jugendlichen empfiehlt es sich, interessante Sachbezüge über einen langen Zeitraum zu pflegen, weil sie zu sorgfältiger Objektbehandlung, Verantwortungsbewußtsein und Konzentrationsfähigkeit führen. Sie stärken das Selbstbewußtsein und vermitteln Zuverlässigkeit und Kontinuität. In jedem Fall fordern sie die aktive Mitarbeit des gestörten Kindes/Jugendlichen nach sachlich angemessenen Regeln heraus.

– *Verbesserungen des Partnerbezugs* bedeuten das schrittweise Bewältigen bisher erfahrener Verletzungen. Ehemals belastende Konflikte mit Eltern und Geschwistern haben die Tendenz, sich in späteren Beziehungen zu wiederholen. Diese großenteils unbewußten Neubelebungen vergangener Konflikte müssen bewußt gemacht werden. Handelt es sich dabei vorwiegend um Autoritäts- oder um Rivalitätskonflikte bzw. um ihre Konfliktverschränkungen? Es wäre zu fragen, welche Ursachen und Zwecke das Geltungsstreben (vgl. Abb. 1) aufrechterhalten und mit welchen Mitteln das Individuum seine Fiktionen eigener Überlegenheit durchsetzt. Um Verbesserungen des Partnerbezugs zu ermöglichen, muß ihm deutlich werden, daß es auf Überlegenheitsansprüche verzichten und sich statt dessen auf ein kommunikatives Verständnis mitmenschlicher Ergänzungen zubewegen muß. Das bedeutet auch, daß es sich seine eigenen Mängel, Fehler und Begrenzungen einzugestehen wagt. Da gleichrangige Wechselbeziehungen und Austauschprozesse befriedigender als hierarchische Beziehungsmuster sind, muß nach dieser Phase des Bewußtmachens bisheriger Fehleinstellungen ein Sozialtraining einsetzen, das den Austausch auf gleicher Ebene einübt. Um wechselseitiges Vertrauen zu festigen, muß Zuverlässigkeit durch Einhalten von Vereinbarungen gewährleistet werden.

– *Verbesserungen des Milieubezugs* regulieren individuelle Beziehungsmöglichkeiten in verschiedenartigen Bezugsgruppen, wobei der Balance zwischen autonomer Selbstbehauptung und Fremderwartungen, zwischen Nähe und Distanz zu Partnern besondere Bedeutung zukommt. Da bei vorausgegangenen defizitären Entwicklungsprozessen jedes Milieu eine Gefährdung des ichschwachen Individuums durch übermächtige Gruppenerwartungen bedeutet, muß der Schwerpunkt des Sozialtrainings jetzt auf das Erkennen unterschiedlicher Erwartungen und Einsatz verschiedenartiger Sprach- und Verhaltensstile in unterschiedlichen Situationen gerichtet sein. Verhaltensvielfalt zu erlernen ist demnach eine wichtige Voraussetzung, um von bisherigen aggressiven Reaktionsmustern loszukommen. Dazu sind Wahrnehmungsdifferenzierung, Veränderungen negativer Deutungsmuster und das Einüben situationsgemäßer Kommunikationsformen mit unterschiedlichen Partnern erforderlich. Konstruktive Antriebsdynamik zeigt sich in sozialen Gruppensystemen vor allem als Bereitschaft, sich nicht von seinen Affekten überschwemmen zu lassen, sondern eigene Energien den Intentionen der Gesamtgruppe einzuordnen oder im bewußten Widerstand eigenen Einsichten zu folgen.

8. Schlußbetrachtungen

Die Entstehungsbedingungen menschlicher Aggressivität sind stets als multikausal einzuschätzen, wobei phylogenetisch ererbte Dispositionen, erhöhte physiologische Reaktionsbereitschaften und individuelle Entwicklungsprozesse situativ je verschiedenartige Wahrnehmungs-, Deutungs- und Reaktionsmuster zur Folge haben. Ebenso ist von multifinalen Zwecksetzungen menschlicher Aggressivität zu sprechen, wobei aggressive Impulse und regressive Tendenzen einander ergänzen können. Menschliche Aggressivität kann sich konstruktiv oder destruktiv äußern, als Antriebsdynamik oder als Machtinstrument (Michaelis 1976, 17). Soziale und individuelle Verstärker bestimmen mit, ob konstruktive oder destruktive Aggressionsäußerungen vorherrschen (Dann 1972, 66). Der weitgehende Verlust traditioneller Normorientierungen läßt befürchten, daß erhöhte Beeinflußbarkeit und direkte Bedürfnisbefriedigungen immer mehr zu Verformungen menschlicher Antriebsdynamik führen werden (Meves/Illies 1975, 65–70). Aggressivität bedeutet Krisen und zugleich Chancen, mitmenschliche Beziehungen bewußter wahrzunehmen und zu gestalten. Stets müssen die darin enthaltenen Wünsche und Bedürfnisse nach sozialer Anerkennung und Teilhabe mitgesehen werden. Daher gilt es, alle positiven Verhaltensanteile zu erkennen und zu verstärken, um so motivierende Zukunftsperspektiven zu gewinnen.

Eltern/Erzieher/Lehrer erwarten in den Bedrängnissen des erzieherischen Alltags schnelle und wirksame Hilfen, um aktuelle Beziehungsprobleme in den Griff zu bekommen und selbst keine Autoritätseinbußen zu erleben. In Krisensituationen liegt die Versuchung nahe, auf unterwerfende „Ordnungspädagogik", Strafen oder „Rezepte" zurückzugreifen. Solche Kurzschlußreaktionen setzen das Kind / den Jugendlichen ins Unrecht und vergrößern die beidseitige soziale Distanz und Abwehr. Außerdem erstarren sie rasch zu Verhaltensmechanismen, die krisenhaften Situationen keinesfalls gerecht werden.

Die hier vorgelegten Ausführungen wollen dazu beitragen, psychodynamische Konflikte besser zu verstehen und verständnisvoller auf sie einzugehen. Vertieftes Verstehen betrifft immer auch die Frage, wieweit und warum aktuelles Störverhalten negative Reaktionen im Erwachsenen auslöst. Das Buch wendet sich an Eltern, Erzieher, Lehrer aller Schulformen, Gruppenleiter und Ausbilder, die mit Problemen aggressiver Beziehungsstörungen konfrontiert sind.

Literaturverzeichnis

Achté, K. A.: Das Acting-out als Aggressionsphänomen in der Psychotherapie. In *Ehrhardt, H. E.* (Hrsg.): Aggressivität–Dissozialität–Psychohygiene. S. 67–72. Huber Bern 1975.

Adler, A./Furtmüller, C.: Heilen und Bilden. Fischer Frankfurt/M. 1973.

Adler, A.: Praxis und Theorie der Individualpsychologie. 4. Aufl. Fischer Frankfurt/M. 1980.

Adler, A.: Über den nervösen Charakter. 7. Aufl. Fischer Frankfurt/M. 1982.

Ammon, G.: Entwurf eines Dynamisch-Psychiatrischen Ich-Struktur-Konzepts. In *Ammon, G.* (Hrsg.): Handbuch der Dynamischen Psychiatrie. Bd. 1, S. 95–159. Reinhardt München 1979.

Ansbacher, H. L. und *R. R.:* Alfred Adlers Individualpsychologie. Reinhardt München 1975.

Bandura, A.: Lernen am Modell. Klett Stuttgart 1976.

Bash, K. W.: Die Dynamik der Aggression. In *Ehrhardt, H. E.* (Hrsg.): Aggressivität –Dissozialität–Psychohygiene. S. 40–54. Huber Bern 1975.

Bayley, N./Schaefer, E.: Beziehungen zwischen sozioökonomischen Variablen und dem Erziehungsverhalten von Müttern gegenüber Kleinkindern. In *Ewert, O. M.* (Hrsg.): Entwicklungspsychologie. Bd. 1, S. 77–85. 2. Aufl., Kiepenheuer & Witsch Köln 1976.

Blackham, G. J.: Der auffällige Schüler. 3. Aufl., Beltz Weinheim/Basel 1974.

Brocher, T.: Anpassung und Aggression in Gruppen. In *Mitscherlich, A.* (Hrsg.): Bis hierher und nicht weiter – Ist die menschliche Aggression unbefriedbar? S. 152–206. 4. Aufl., Piper München 1969.

Burrey, B./Palmowski, W.: Förderung eines hochängstlichen Mädchens durch den Einsatz kognitiv-verhaltensmodifikatorischer Techniken in einer Schule für Erziehungshilfe. *Zeitschrift für Heilpädagogik* 8, S. 549–562, 1987.

Crook, J. H.: Wesen und Funktion der territorialen Aggression. In *Montagu, M. F. A.* (Hrsg.): Mensch und Aggression – Der Krieg kommt nicht aus unseren Genen. S. 149–189. Beltz Weinheim/Basel 1974.

Cube, F. von/Alshuth, D.: Friedliche Sieger – aggressive Verlierer. In *Bohnet-von der Thüsen, H.* (Hrsg.): Denkanstöße '88, Ein Lesebuch aus Philosophie, Natur- und Humanwissenschaften. S. 103–105. Piper München 1987.

Dann, H.-D.: Aggression und Leistung, Gewährung und Unterbindung von Aggression in ihrer Auswirkung auf Leistungsverhalten. Klett Stuttgart 1972.

Denker, R.: Angst und Aggression. Kohlhammer Stuttgart 1974.

Dreikurs, R./Soltz, V.: Kinder fordern uns heraus. Klett Stuttgart 1972.

Dutschmann, A.: Aggressivität bei Kindern. modernes lernen Dortmund 1982.

Ehrhardt, H. E. (Hrsg.): Aggressivität–Dissozialität–Psychohygiene. Huber Bern 1975.

Erikson, E. H.: Kindheit und Gesellschaft. 6. Aufl. Klett Stuttgart 1976.

Freud, S.: Psychologie des Unbewußten. Bd. 3, Fischer Frankfurt/M. 1975.

Fromm, E.: Anatomie der menschlichen Destruktivität. Deutsche Verlags-Anstalt Stuttgart 1974.

Fromm, E.: Die Seele des Menschen – Ihre Fähigkeit zum Guten und zum Bösen. Deutsche Verlags-Anstalt Stuttgart 1979.

Fürntratt, E.: Angst und instrumentelle Aggression – Eine Analyse auf der Grundlage experimentalpsychologischer Forschungsbefunde. Beltz Weinheim/Basel 1974.

Gesell, A.: Das Kind von fünf bis zehn. 6. Aufl., Christian Bad Nauheim 1971.

Gesell, A.: Jugend – Die Jahre von zehn bis sechzehn. 4. Aufl., Christian Bad Nauheim 1974.

Gorer, G.: Ardrey über die Natur des Menschen. In *Montagu, M. F. A.* (Hrsg.): Mensch und Aggression... S. 101–111. Beltz Weinheim/Basel 1974.

Griepenstroh, D./Wallenberg Pachaly, A. von: Das energetische Prinzip bei Freud und Ammon. In *Ammon, G.* (Hrsg.): Handbuch der Dynamischen Psychiatrie. Bd. 1, S. 213–232. Reinhardt München 1979.

Harbauer, H.: Körperliche Entwicklung und Reifungsdiagnostik. In *Harbauer, H./ Lempp, R./Nissen, G./Strunk, P.:* Lehrbuch der speziellen Kinder- und Jugendpsychiatrie. S. 1–11. 3. Aufl., Springer Berlin 1976a.

Harbauer, H.: Mißhandlungssyndrom. In *Harbauer, H./Lempp, R./Nissen, G./Strunk, P.:* Lehrbuch der speziellen Kinder- und Jugendpsychiatrie. S. 426–428. 3. Aufl., Springer Berlin 1976b.

Hauss, K. (Hrsg.): Medizinische Psychologie im Grundriß. Hogrefe Göttingen 1976.

Irskens, B./Hauck, I./Bührlen, R.: Auffällige Kinder. 2. Aufl., Eigenverlag des Deutschen Vereins für öffentliche und private Fürsorge Frankfurt/M. 1980.

Kiener, F.: Empirische Kontrolle psychoanalytischer Thesen. In *Pongratz, L. J.* (Hrsg.): Handbuch der Psychologie. Bd. 8, 2. Malbbd. S. 1200–1241. Hogrefe Göttingen 1978.

Kiphard, E. J.: Mototherapie – Teil I und Teil II. Bd. 2 und Bd. 3. verlag modernes lernen Dortmund 1983.

Klauß, T.: Autoaggressives Verhalten bei geistig Behinderten. Zeitschrift *Geistige Behinderung* 2, S. 108–118, 1987.

Klein, U.: Suchtprophylaxe in der Schule: Die Aktion „Lohnender Verzicht". *Zeitschrift für Heilpädagogik* 8, S. 574–578, 1987.

Klein, U.: Schullandheim und Suchtprophylaxe. *Zeitschrift für Heilpädagogik* 8, S. 578–587, 1987.

Klineberg, O.: Aggression: a social-psychological approach. In *Ehrhardt, H. E.* (Hrsg.): Aggressivität–Dissozialität–Psychohygiene. S. 56–65. Huber Bern 1975.

Kornadt, H. J./Wirsing, M.: Erziehungsmethoden und frühkindliches Verhalten. In *Ewert, O. M.* (Hrsg.): Entwicklungspsychologie. Bd. 1, S. 86–93. 2. Aufl., Kiepenheuer & Witsch Köln 1976.

Kornadt, H. J./Zumkley, H.: Aggression. In *Schiefele, H./Krapp, A.* (Hrsg.): Handlexikon zur Pädagogischen Psychologie. S. 6–10. Ehrenwirth München 1981.

Kuhlen, V.: Verhaltenstherapie im Kindesalter. 5. Aufl., Juventa München 1977.

Kupffer, H. (Hrsg.): Erziehung verhaltensgestörter Kinder. Quelle u. Meyer Heidelberg 1978.

Leber, A.: Rückzug oder Rache – Überlegungen zu unterschiedlichen milieuabhängigen Folgen früher Kränkung und Wut. In *Leber, A.* (Hrsg.): Reproduktion der frühen Erfahrung. S. 117–129. Wissenschaftl. Buchgesellschaft Darmstadt 1983.

Lippitt, R./Gold, M.: Die soziale Struktur der Klasse als psychohygienisches Problem.

In *Weinert, F.* (Hrsg.): Pädagogische Psychologie. S. 295–305. 5. Aufl., Kiepenheuer & Witsch Köln 1970.

Lischke, G.: Aggression und Aggressionsbewältigung – Theorie und Praxis, Diagnose und Therapie. Alber Freiburg/München 1972.

Lorenz, K.: Das sogenannte Böse – Zur Naturgeschichte der Aggression. Deutscher Taschenbuch Verlag München 1974.

Lorenz, K.: Die Rückseite des Spiegels – Versuch einer Naturgeschichte menschlichen Erkennens. 2. Aufl., Deutscher Taschenbuch Verlag München 1977.

Lukáts, E./Luthe, R.: Ergebnisse einer Reihenuntersuchung zur Frage der Beziehungen aggressiven Verhaltens zu psychosomatischer Störanfälligkeit. In *Ehrhardt, H. E.* (Hrsg.): Aggressivität–Dissozialität–Psychohygiene. S. 85–90. Huber Bern 1975.

May, R.: Die Quellen der Gewalt – Eine Analyse von Schuld und Unschuld. Molden Wien 1974.

Mees, U.: Vorausurteil und aggressives Verhalten. Klett Stuttgart 1974.

Merkens, L.: Zur Dynamik und Behebung von Verhaltensabweichungen. *Vierteljahresschrift für Heilpädagogik und ihre Nachbargebiete (VHN)* 53, S. 41–55, 1984.

Meves, C./Illies, J.: Mit der Aggression leben. Herderbücherei Bd. 536 Freiburg 1975.

Michaelis, W.: Verhalten ohne Aggression? Versuch zur Integration der Theorien. Kiepenheuer & Witsch Köln 1976.

Nissen, G.: Psychische Entwicklung und ihre Störungen. In *Harbauer, H./Lempp, R./Nissen, G./Strunk, P.:* Lehrbuch der speziellen Kinder- und Jugendpsychiatrie. S. 12–38. 3. Aufl., Springer Berlin 1976a.

Nissen, G.: Dissozialität und Verwahrlosung. op. cit. S. 82–94. Springer Berlin 1976 b.

Nissen, G.: Psychischer Hospitalismus. op. cit. s. 73–81. Springer Berlin 1976c.

Nolting, H. P.: Lernfall Aggression. Rowohlt Reinbek b. Hamburg 1978.

Oerter, R.: Moderne Entwicklungspsychologie. 4. Aufl., Auer Donauwörth 1969.

Oser, F.: Das Gewissen lernen. Probleme intentionaler Lernkonzepte im Bereich der moralischen Erziehung. Walter Olten 1976.

Piaget, J.: Das moralische Urteil beim Kinde. 3. Aufl., Suhrkamp-Taschenbuch 27 Zürich 1979.

Ploog, D.: Biologische Grundlagen aggressiven Verhaltens. In *Ehrhardt, H. E.* (Hrsg.): Aggressivität–Dissozialität–Psychohygiene. S. 14–38. Huber Bern 1975.

Reckel, K.: Fluktuierende Penetranz aggressiven Verhaltens. In *Ehrhardt, H. E.* (Hrsg.): op. cit. S. 91–101.

Saueressig, K.: Pädagogische Förderung von verhaltensgestörten Kindern und Jugendlichen. *Zeitschrift für Heilpädagogik* 8, S. 569–574, 1987.

Schneirla, T. C.: Instinkt und Aggression. In *Montagu, M. F. A.* (Hrsg.): Mensch und Aggression. S. 84–90. Beltz Weinheim/Basel 1974.

Schultz-Hencke, H.: Der gehemmte Mensch. 3. Aufl., Thieme Stuttgart 1969.

Schultz-Hencke, H.: Lehrbuch der analytischen Psychotherapie. 2. Aufl., Thieme Stuttgart 1970.

Stierlin, H.: Die Aggression in der menschlichen Beziehung. In *Mitscherlich, A.* (Hrsg.): Bis hierher und nicht weiter... S. 119–134. 4. Aufl., Piper München 1969.

Tomorug, E.: Aggression und biologische Krisenzeiten. In *Ehrhardt, H. E.* (Hrsg.): Aggressivität–Dissozialität–Psychohygiene. S. 79–84. Huber Bern 1975.